Ece Temelkuran

EUPHORIE UND WEHMUT

Die Türkei auf der Suche nach sich selbst

Aus dem Türkischen von
Sabine Adatepe und Monika Demirel

Hoffmann und Campe

2. Auflage 2015
Copyright © Ece Temelkuran 2015
© Kalem Agency 2015
Für die deutschsprachige Ausgabe
Copyright © 2015 by Hoffmann und Campe Verlag
www.hoca.de
Satz: Dörlemann Satz, Lemförde
Gesetzt aus der Adobe Garamond und Futura
Druck und Bindung: CPI books GmbH, Leck
ISBN 978-3-455-50373-9

HOFFMANN
UNDCAMPE

Ein Unternehmen der
GANSKE VERLAGSGRUPPE

Für all die Kinder,
die weniger wogen als ihre Särge

Inhalt

von Ost nach West, herbstlich gestimmt
wild und melancholisch

Turgut Uyar, *Çılgın ve Hüzünlü*

EINLEITUNG

Gestern

»Hier ist schließlich die Türkei!«

Das ist vielleicht der in der Türkei tagtäglich am häufigsten gesagte Satz. Ein Satz, mit dem man auf eine unvorstellbar absurde Situation oder Begebenheit reagiert. Es existiert scheinbar ein nationaler Konsens, mit diesem eigentlich recht nichtssagenden und stets von einem sarkastischen Lächeln begleiteten Satz alle möglichen Situationen zu erklären. Wenn sich etwa der Krankenwagen verspätet und den Verletzten dann auch noch überfährt, können Sie mit dramatischer Stimme sagen: »Das hier ist schließlich die Türkei!« Wenn Sie auf der Autobahn einen Fahrer sehen, der einen Fuß aus dem Fenster hängt und es noch keinen Toten gegeben hat, können Sie wieder, und diesmal mit einem Lachen, sagen: »Hier ist eben die Türkei!«

Doch Vorsicht! Wenn Sie mitten in Istanbul jemanden küssen und jemand Ihnen auf die Schulter tippt und dabei brüllt: »Hoppla! Das hier ist die Türkei! So geht das aber nicht!« – dann ist das eine ernst zu nehmende Warnung. Sie sollten wissen: Liebende hält man in diesem Land für unanständiger als Streithähne …

Dieser Satz ist ein wahres Multitalent. Er drückt Verwunderung aus, sagt aber gleichzeitig, dass man sich über nichts mehr zu wundern brauche. Stolz suggeriert er eine Einzigartigkeit und definiert gleichzeitig die Tatsache, dass sich nichts zum Besseren wandelt, als unabänderliches Schicksal. In seiner Form beschreibt er den großen und lange währenden Wahnsinn namens Türkei, die Melancholie, sich an diesen Wahnsinn zu gewöhnen, ja sich sogar zu diesem Wahnsinn verurteilt zu fühlen. Im Kern der tragikomischen Natur eines Landes, in dem jede Aussage mindestens doppeldeutig ist, steckt dieser Satz: Hier ist schließlich die Türkei! Wo aber ist dieses »hier«?

Dieses immer wieder betonte »hier« ist vielleicht nicht einmal ein Ort. Denn seit Gründung der Republik 1923 wird gelehrt, dieses »hier« sei eine Brücke. Eine Brücke zwischen Ost und West, Asien und Europa, Orient und Okzident. Diese Position hat uns allen einen tiefen Zweifel eingeimpft. Wie lässt sich diese Brücke beschreiben? Führt sie von Asien nach Europa – oder von Europa nach Asien? Auf diese Frage hat der türkische Staat eine eindeutige Antwort.

Alle Generationen, die seit Gründung der Republik heranwuchsen, kennen aus der Schule ein und dieselbe Türkeikarte. Auf dieser Karte ist die Türkei das größte Land der Welt, das sich natürlich in deren Zentrum befindet. »Hier« prangt wie ein Riese zwischen den Dikta unseres Gründervaters Atatürk »Türke, sei stolz, fleißig und zuversichtlich!« und »Glücklich ist, wer sich Türke nennt!«. Europa liegt auf dieser Karte oben und ist kunterbunt. In diesen farbenfrohen Ländern gibt es Städte mit hübschen Namen und knallblaue Flüsse. Dort befindet sich das Eldorado, das anvisierte Ziel unseres Gründervaters. Unten dagegen liegt der Osten. Dort ist alles gelbgrau. Eine öde Wüste genau wie die UdSSR, eine düster braune Leere. Man hat sich gerade noch die Mühe gemacht, ein paar Städte einzuzeichnen. Diese Landkarte sagt uns: »Schau nicht nach unten, sondern immer nach oben. Oben ist ein bunter, pulsierender Kosmos. Da unten gibt es nichts außer dreckigen Arabern und Kamelen. Ein verlassener Ort. Rette dich von dort und strebe mit ganzer Kraft nach Westen.«

Mit dieser offiziellen Karte sprach sich die junge Republik dafür aus, das Brückenland zwischen Asien und Europa, den dort gegründeten Staat und das dort geborene Volk als Brücke nach Westen zu definieren. Dieses Brückendasein wurde nicht als Zweifel präsentiert, sondern als Identität, auf die man stolz sein konnte. Ost und West würden auseinanderbrechen, wenn wir sie nicht zusammenhielten, ohne uns geriete die Welt völlig aus den Fugen. Wie gut, dass es die Türkei gab! Unser Schicksal war es, stets Richtung Westen zu schwimmen.

Die Brückenmenschen aber standen vor einem Dilemma, was die Frage ihrer Identität und der Definition des »hier« anging. Obwohl sie pausenlos nach Westen schwammen, zog man sie vom östlichen Ende der Brücke ständig zurück. Und damit war der Albtraum nicht zu Ende. Auf Anweisung des Gründervaters sollten sie das Niveau der westlichen Staaten nicht nur erreichen, sondern auch noch übertreffen. Atatürk sagte in seiner Rede zum zehnten Jahrestag der Republikgründung: »Wir werden ein Niveau erreichen, das weit über dem der modernen Zivilisationen liegt.« Diese Mission erwies sich für die Menschen als noch viel größeres Problem. Sie wussten, dass sie sich eigentlich unten auf der Karte befanden, aber sie plusterten sich auf, strebten nach oben und wurden doch von dem am östlichen Ende ihrer Existenz auf ihnen lastenden Unterlegenheitsgefühl immer wieder zurückgezogen. Das Leben der Menschen in diesem Land befand sich in einem existenziellen Vakuum, es wurde hin- und hergesogen – zwischen dem Gefühl von Überlegenheit auf der einen und dem der Unterlegenheit auf der anderen Seite. Die Türkei schien zu einer ewigen Suche nach einem Spiegel verdammt, der sie in ihrer realen Größe zeigte – und nicht etwa als großspuriges oder herabwürdigendes Abziehbild ihrer selbst.

Und als wäre das nicht genug, prägte noch ein weiteres Dilemma das Schicksal des Landes und führte zu noch größerer Verwirrung in den Köpfen der Brückenbewohner. Der Verlust eines ganzen Reiches, die Gründung der Türkei auf dem kleinen, noch verbliebenen Stück Land wurde sogar von jenen, die die gesamte Tragödie des Kriegs miterlebt hatten, als Triumph deklariert. Die Osmanen waren ohnehin eine Last gewesen, die man hatte abwerfen müssen! Die junge Türkei war ein unbeschriebenes Blatt, ein Neuanfang. Eine Motivation dieser Art war nach all den Verlusten des Kriegs natürlich willkommen, doch das Rad der Geschichte auf null zurückzudrehen sollte zu gewaltigen Problemen führen. Die Vergangenheit verschwand. Wir waren die Erben eines gigantischen Reichs, aber dieses Reich war keinen Heller mehr wert! In der offiziellen Geschichtsschreibung der Republik schaute man mit Verachtung auf die Epoche des Osmanischen Reichs herab und gab sie der Lächerlichkeit preis. Trotzdem mussten wir in der Schule sämtliche Sultane und deren Geschichte auswendig lernen. Das Jahr 1923 bildete eine Zeitenwende, zu der wir ein seltsames Verhältnis aufbauten. Es gab eine Vergangenheit, die uns stolz machte, aber auch anwiderte. Ein Sultanat, das wir begehrten, für das man uns aber auch verunglimpfte. Die Menschen in diesem Brückenland wuchsen heran wie verwirrte Kinder, die den Gang der Geschichte mit eigenen Augen beobachteten, später aber eine völlig andere Darstellung des Gesehenen auswendig lernen mussten. Sie gewöhnten sich so sehr an diese Diskrepanz, dass doppeldeutige Aussagen sie nicht mehr befremdeten. Genau deshalb reagieren sie auf diesen Satz »Das ist hier eben die Türkei« und auf die Situationen, die er umschreibt, mit Verblüffung und Gleichgültigkeit, Lachen und Weinen, sie gewöhnen sich daran oder auch nicht – aber niemand findet etwas außergewöhnlich an diesem Zustand und macht sich nichts daraus, mit verwirrtem Verstand weiterleben zu müssen.

Jahre, Jahrzehnte vergingen, mit neuen Regierungen, Staatsstreichen, Massakern und Fußballtriumphen, mit heißen und kalten Kriegen, Aufständen, die niedergeschlagen wurden, Luftschlössern, die man für das Land baute und die in sich zusammenfielen. Und mit Särgen, vor allem mit unzähligen Särgen. Die Wunden, die jeder Sarg hinterließ, wurden mit einer weiteren wehenden Fahne bandagiert. Soldaten, Guerillakämpfer, Militante, Journalisten, Schriftsteller, Dichter, Arbeiter, Studenten und Kinder starben – und stets wurde gerufen: »Er lebt weiter!« Hier zog man die Wut der Trauer vor. Das Tempo von Begräbnisfeiern in der Türkei verblüfft Besucher aus dem Westen. Aber das hier ist schließlich die Türkei, und die auf Überleben getrimmten Brückenmenschen sind dazu erzogen worden, Trauer als Zeitverschwendung zu empfinden.

Obwohl seit Gründung der Republik immer wieder Menschen, die Gleichheit, Freiheit und Gerechtigkeit forderten, von einem der Militärregime oder von paramilitärischen Kräften rechtsgerichteter Parteien ermordet wurden, setzte man sich Nacht für Nacht zusammen und diskutierte leidenschaftlicher über die Rettung der Heimat als über die eigenen Liebsten. Man stritt hitziger über das Schicksal des Landes, als zwei Männer um eine Frau streiten, man weinte mehr als ein von Liebeskummer Gebeutelter und lachte glücklicher als jemand, der nach Jahren einen geliebten Menschen wiedersieht. Stets prügelte das Land auf die Kinder ein, die es am meisten liebten, und stets liebte das Volk seine geprügelten Kinder erst nach ihrem Tod. Die am häufigsten gestellte Frage lautet: Wie konnte das Land derart gnadenlos zu seinen eigenen Kindern sein?

Besteht ein Zusammenhang zwischen der von einem osmanischen Sultan eingeläuteten und per Gesetz legitimierten Tradition, seine Brüder erwürgen zu lassen, um den Fortbestand des Staats zu gewährleisten, und einem Ministerpräsidenten, der dem Vater eines im Krieg in Südostanatolien gefallenen

Soldaten sagte: »Der Militärdienst ist kein Spaziergang.«? Und besteht ein Zusammenhang zwischen der Tatsache, dass der Staat noch heute als heiliger Vater angesehen wird und Kurden, Aleviten und Armenier drastisch bestraft werden, weil sie diesen heiligen Vater attackieren, und der Tatsache, dass dieser Staat einst von den ihrer Heimat und ihren Eltern entrissenen Kindern gegründet worden war? Solche Spekulationen kann man zuhauf anstellen, doch eines ist klar: An den genannten Krankheiten litt die Türkei bis vor etwa zehn Jahren. Die Geschichte der letzten zehn Jahre dagegen ist die Geschichte eines Versuchs der Therapierung dieser Krankheiten, wobei aus dieser Therapie neue, noch komplexere Krankheiten entstanden sind.

Heute

»Du bist die Türkei; denke groß!«

Seit einigen Jahren prangt dieser Slogan überall im Land auf zahllosen riesigen Plakaten mit dem Gesicht Recep Tayyip Erdoğans, dem vielleicht außergewöhnlichsten Charakter in der politischen Geschichte der Türkei. Auf den Plakaten Atatürks stand seit der Republikgründung: »Türke! Sei stolz, fleißig und zuversichtlich!« Nun aber gilt nicht mehr »Wir sind hier schließlich in der Türkei!«, sondern »Wir sind hier schließlich in der großen Türkei!«. Nach dem neuen Duktus, den die AKP, *Adalet ve Kalkınma Partisi*, die »Partei für Gerechtigkeit und Aufschwung«, und die rechtsliberalen, intellektuellen Zirkel, aus denen sie entstand, geschaffen haben, ist die neue Türkei gleichbedeutend mit einer »fortschrittlichen Demokratie«. Die Partei stellt nicht nur seit 2002 die Regierung, sondern vertieft zunehmend ihre politische und gesellschaftliche Hegemonie und spricht dabei von einer »heiligen

Sache«. Gegen die Partei zu sein bedeutet, gegen die Idee einer »großen Türkei« zu sein, ergo die »heilige Sache« zu bedrohen. Dann ist man Gegner von Erdoğan, der »Boss« genannt wird, als Staatspräsident in einem Palast residiert und das Land in ein Präsidialsystem überführen will. Wenn man bedenkt, dass es in diesem Land Parteimitglieder gibt, die offen verkünden, ihn zu berühren sei eine kultische Handlung, er sei der »Auserwählte«, gar der Prophet, und Wähler allen Ernstes schreien: »Ich bin nur das Haar in deinem Arsch«, dann haben wir es nicht nur mit einem politischen, sondern auch mit einem soziopsychologischen Problem zu tun.

Dass die Partei sich nach eigenen Worten auf konservative und neoliberale Werte stützt, ist kein populistisches Abrakadabra, das nur die ungebildeten Schichten verzaubert. Seit dem Wahlsieg der AKP ernteten ihre Redenschreiber viel Beifall aus der westlichen Welt. Die Medien in den USA und Europa befürworteten eine AKP-Regierung, das Schlagwort lautete hier: »Endlich Demokratie in der Türkei«. Die AKP symbolisierte in ihren Augen nicht nur die perfekte Ehe zwischen gemäßigtem Islam und Demokratie, sondern war gleichzeitig ein überzeugendes Modell für die Straßen der arabischen Welt, deren Wut sich nach dem 11. September gegen den Westen richtete. Säkulare Intellektuelle, Schriftsteller und Journalisten, die in den über zehn Jahren der AKP-Regierung zu erklären versucht haben, dass dieses Modell weder auf die Völker der islamischen Welt noch auf irgendein anderes Volk zugeschnitten sei, wurden nicht nur von den Islamisch-Konservativen und Neoliberalen in der Türkei, sondern auch von westlicher Seite verspottet. Man brandmarkte sie als Gegner der Demokratie, als Militaristen, die sich mehr Macht für die Armee herbeisehnten, deren heimlichen Einfluss auf das politische Geschehen die AKP beendet hatte. Und da die Wirtschaft florierte – mit Investitionen aus unbekannter Quelle und Petrodollars vom Golf –, wurden Intellektuelle, die die AKP und die von ihr angestrebte Ordnung kritisch betrachteten, als Relikte des Kalten Kriegs mit überholter linker Ideologie angesehen und dargestellt. Wer in der Anfangsphase der AKP-Regierung eine solche Meinung äußerte, musste mit Exkommunizierung aus dem öffentlichen Leben der Republik rechnen. Denn die AKP sagte wunderschöne Dinge. Sie formulierte Sätze, die freiheitliche Bewegungen in der Türkei seit vielen Jahren aussprachen, ohne sich Gehör verschaffen zu können. Die AKP sprach von nichtmuslimischen Minderheiten, von Kurden, von den Freiheiten des Individuums. Sie verdammte den Putsch vom 12. September 1980 und seine Folgen, eine zunehmend autoritär organisierte Gesellschaft. Sie schrie lautstark nach Demokratie und forderte, dass das Militär aus der Politik verbannt werden müsse. Sie betonte, die Türkei sei ein farbenfrohes Mosaik, in der eine Kultur des Miteinander gepflegt werden solle. Ach, wie schön doch alles war! Zudem lieferte die AKP eine völlig neue Definition des Brückenlands Türkei: Mit einer Öffnung in den Nahen Osten versöhnte sie die Türkei mit den Ländern, denen sie seit Gründung der Republik den Rücken gekehrt hatte. Einer müden Gesellschaft, die sich dem Westen gegenüber stets unterlegen gefühlt und, um gewichtiger zu erscheinen, sich immer ein wenig aufgeplustert hatte, sagte die AKP: »Ihr könnt euch entspannen. Ihr seid, auch so wie ihr seid, die großen Brüder der Völker im Osten! Selbst der Westen sieht in uns ein Modellland!«

Die AKP vertrat die konservativen, begüterten Gesellschaftsschichten, die seit dem Militärputsch 1980 und den marktliberalen Reformen danach anwuchsen und in den neunziger Jahren als sogenannter »Anatolischer Tiger« an Einfluss gewannen. Nicht umsonst sagte Abdullah Gül, früherer Staatspräsident und Mitbegründer der AKP: »Wir sind die WASPs dieses Landes.« Man zielte darauf ab, die Position der alten säkularen

Elite in den Großstädten zu übernehmen, und organisierte sich dementsprechend in den letzten zwanzig Jahren. Die AKP repräsentierte diese Schicht nicht nur im Hinblick auf deren wirtschaftliche Interessen, sondern auch ihre Lebensweise, Weltanschauung, Werte und ihr ästhetisches Empfinden. Das neue Bürgertum, das den Platz des nach Republikgründung mit staatlicher Unterstützung entstandenen säkularen Bürgertums einnehmen wollte und in der neuen Regierung seine politische Repräsentanz fand, war an »nationale Werte« gebunden. Und was nationale Werte waren, bestimmte die neue, von der AKP geschaffene provinzielle Kultur.

Was den Wählern in der Türkei an der AKP gefiel, war ihr Versprechen, sich endlich mit der Vergangenheit auszusöhnen. Plötzlich war da eine Partei, die verkündete, wir Türken seien die mächtigen Enkel der Osmanen und befänden uns nun auf dem Weg zurück zu unserer früheren Identität, die prachtvoll gewesen war und die Welt erschüttern ließ. Dazu musste sie allerdings einen neuen Osmanen erschaffen, der dem Geschmack der Konservativen entsprach. Zu diesem Zweck ließ Erdoğan, damals noch Ministerpräsident, die Arbeit ruhen und äußerte, die Frauenfiguren in der auch auf dem Balkan und in arabischen Ländern beliebten Fernsehserie *Muhteşem Yüzyıl, Das prächtige Jahrhundert*, die zur Zeit von Süleyman I. spielt, müssten komplett verhüllt sein, und im Übrigen hätten Sultane ihre Zeit nicht mit Frauen, sondern auf Feldzügen verbracht. In der darauffolgenden Woche sahen wir in der Sendung betende Frauen im Harem und Süleyman den Prächtigen, der sogleich auf sein Pferd sprang. So lernten wir, in welche Richtung sich der neue Osmane zu entwickeln hatte. Und das ist nur ein winziges Beispiel für die Neudefinition einer alten Kultur, für die Neudefinition der Vergangenheit.

Der Ehrgeiz des Ministerpräsidenten, die Kultur mit den Mitteln der Kunst konservativer zu gestalten, beschränkte sich allerdings nicht nur auf dieses eine Beispiel. Das erst 2006 in Kars entstandene und von Armenien aus sichtbare *Denkmal der Menschlichkeit* ließ er 2011 abreißen. Außerdem befasste er sich persönlich mit den Staatstheatern, -opern, Stadttheatern und dem Ballett. Als neuer Gründervater oktroyierte er den Massen seinen Musikgeschmack auf. Ein Lied der türkischen Kunstmusik mit dem Titel *Beraber yürüdük biz bu yollarda (Gemeinsam gingen wir diese Wege)* ließ er bei jedem Anlass wie eine Hymne wiederholen: *Gemeinsam gingen wir diese Wege / Gemeinsam wurden wir vom Regen nass / Nun erinnert mich alles in diesen Liedern an dich.* Gemeinsam durften wir mitverfolgen, wie ein einfaches Liebeslied mit den Jahren zum Marsch der »heiligen Sache« der AKP wurde.

Um Kulturfragen, mit denen sich Ministerpräsident Erdoğan aus Zeitgründen nicht selbst auseinandersetzen konnte, kümmerte sich seine Verwandtschaft. Als in einem Theaterstück einer der Schauspieler gegen die im Publikum sitzende, Kaugummi kauende Tochter von Erdoğan stichelte, endete das Ganze noch in derselben Nacht mit dem Verhör des betreffenden Schauspielers, bestraft wurde er mit einer Gehaltskürzung.

Weder der Westen noch ein Großteil der türkischen Intellektuellen hörten in jener Phase auf kritische Stimmen. Und tatsächlich wurde das Militär endlich aus der Politik verbannt – allerdings mit Hilfe von Gerichtsprozessen, in denen das Recht mit Füßen getreten wurde. In jedem Verfahren wurden außerdem eine Handvoll Journalisten und ein paar Politiker gleich mit verurteilt und als Mitglieder putschistischer Geheimorganisationen angeprangert, deren Existenz nicht einmal erwiesen war. Trotzdem gab es Stimmen, die die Missachtung des Rechts als vertretbaren Preis für die Entmachtung des Militärs ansahen und dies auch offen aussprachen.

Diejenigen, die applaudierten, als die AKP Sozialdemokraten als Verfechter einer Staatspartei, andere konservative Parteien als altmodisch, die Sozialisten – so wie in der Zeit des Putsches von 1980 – als Anarchisten und sich selbst als die einzige wirkliche demokratische Bewegung im Land deklarierte, sahen auch noch schweigend zu, als Gewerkschaften, Vereine und politische Parteien, wieder mit unrechtmäßigen Mitteln, an die Kandare genommen wurden.

Denn die AKP, eine politische und gesellschaftliche Bewegung, die sich zunehmend auf die Person Erdoğans fixierte, erging sich noch immer in schönen Reden. Sie proklamierte eine »Öffnung« und brach mit politischen Tabus in der Türkei. Die Lösung der Kurdenfrage, der Alevitenfrage, der Frage der Sinti und Roma – alles konnte plötzlich angesprochen werden. Menschen, deren Existenz der Staat lange Zeit ignoriert hatte, belohnte Erdoğan mit der Einladung zu einem Frühstück im Dolmabahçe-Palast, wodurch sie und ihre Identität als offiziell anerkannt galten. Allerdings bezog diese elegante Geste, die von außen betrachtet wie ein hohes demokratisches Bewusstsein anmutete, die Oppositionellen nicht mit ein. Die Regierung richtete ihre »Öffnung« auf die Aleviten, die mit ihr sympathisierten, auf ausgewählte Kurden, auf Sinti und Roma, die die AKP unterstützten. Wer sich in der Türkei zur neuen Regierung bekannte, wurde von Erdoğan zum Frühstück eingeladen, alle anderen rief er nach einer Weile zu Terroristen aus.

Endlich suchte eine Regierung die Annäherung in der Kurdenfrage, setzte sich mit der PKK an den Verhandlungstisch. Aber um zu vermeiden, dass man für die Ermordung kurdischer Kinder, die am 28. Dezember 2011 als vermeintliche Terroristen an der irakischen Grenze erschossen worden waren, zur Rechenschaft gezogen wurde, brachte man andererseits die Presse zum Schweigen oder ließ Journalisten, die wie ich weiterhin über dieses Thema schrieben, durch ihre Vorgesetzten kündigen. Der Friedensprozess zwischen der PKK und der Türkei schritt voran, wurde aber der Öffentlichkeit und allen, die etwas zum Thema zu sagen gehabt hätten, vorenthalten. Das Wort des Ministerpräsidenten Erdoğan genügte, das war ja auch schon vorher so gewesen. Arbeiterrechte, Kinderrechte, Frauenrechte, persönliche Freiheitsrechte – stets wurden sie der Bevölkerung garantiert, indem der Ministerpräsident die Hand auf die Brust legte und sagte: »Ich gebe Ihnen mein Wort.« Die Freude, mit der so viele türkische Intellektuelle – in ihrer Euphorie, endlich einen neuen Gründervater gefunden zu haben, der sie liebte – diesen Worten Glauben schenkten, war deprimierend. Am deprimierendsten war, dass ständig über Demokratisierung und Minderheitenrechte geredet wurde, während gleichzeitig Staatsbedienstete, die die Mörder des armenischen Journalisten Hrant Dink offensichtlich schützten, vonseiten der AKP-Regierung belohnt wurden und es sogar armenische Intellektuelle gab, die die AKP nach diesem Vorfall noch immer unterstützen.

Demokratische Prozesse – inklusive Wahlen – verloren zusehends an Bedeutung; Erdoğans Ansprachen an das Volk vom Balkon der AKP-Parteizentrale nach den Wahlen entwickelten sich zu einer festen Größe in der Politik. Selbst wer ahnte, welche Gefahr von den politischen Entwicklungen ausging, fand Trost in den netten Worten, die Erdoğan von seinem Balkon aus verkündete. Der Satz aus Erdoğans berühmt gewordener Balkonrede nach dem zweiten Wahlsieg der AKP 2007 – »Auch die uns nicht gewählt haben, sind Farben dieses Landes« – wurde als Zeichen für eine fortschrittliche Demokratie gedeutet und erntete viel Applaus, weil der Ministerpräsident den Oppositionellen »verzieh« und sie »tolerierte«. An den Zorn, den Hass, den Spott und den Vorwurf der Paranoia, womit damals auf meinen Artikel *Wir sind in diesem Land nur noch die Beilage* reagiert wurde, erinnere ich mich heute mit bitterem Lächeln.

Seit dem Wahlsieg der AKP 2002 bis Mitte der zweiten Legislaturperiode, also etwa bis 2009, wollten weder ihre Bewunderer auf internationaler Ebene noch viele türkische Intellektuelle verstehen – obwohl die Anzeichen deutlich genug waren –, dass das Land nicht nur zum Konservativismus geführt, sondern mit immer drastischeren sogenannten Antiterrorgesetzen eine Gehorsamsgesellschaft geschaffen werden sollte. Mit Verfassungsänderungen gewann die AKP die Kontrolle über die Gerichtsbarkeit und hebelte damit alle Mechanismen aus, die für das demokratische Gleichgewicht sorgten. Das ging so weit, dass das Verfassungsgericht, dessen Zusammensetzung durch eine Verfassungsänderung stärker beeinflusst werden konnte, bei Entscheidungen, die nicht im Einklang mit den Absichten der AKP standen, »politischer Einflussnahme« bezichtigt wurde.

Zudem machte sich ein gesellschaftliches Phänomen bemerkbar, das sich als Nachbarschaftskontrolle beschreiben lässt. So konnten viele persönliche Freiheiten auch ohne gesetzliches Verbot nicht mehr gelebt werden, weil die konservativen Kräfte – ermutigt durch die neue Regierung – einen deutlich spürbaren, wenn auch schwer zu beweisenden Druck auf das säkulare Leben auszuüben begannen, dem sie ihre Werte aufzuzwängen versuchten. Niemand hat jungen Mädchen in Anatolien vorgeschrieben, ein Kopftuch zu tragen, allerdings wird die Verhüllung als beispielhaftes Verhalten hervorgehoben. Mädchen ohne Kopftuch werden dagegen behandelt, als liefen sie splitternackt über die Straße.

Die AKP übte nicht nur im Alltags-, sondern auch im Wirtschaftsleben Druck aus und schob Unternehmer, die der Partei nicht ihre Verbundenheit ausdrückten, aufs Abstellgleis. Das Land näherte sich in vielerlei Hinsicht den Verhältnissen in Dubai an, ein Prozess, der in flottem Tempo voranschritt. Wollte man die Situation in der Türkei von heute mit einem einzigen Wort umschreiben, scheint mir der Begriff *Dubaiisierung* passend. Ich werde später darauf eingehen, was genau ich damit meine.

Westliche Journalisten, die im Mai 2013 die Demonstrationen im Gezi-Park am Istanbuler Taksimplatz beobachteten, Proteste, die bald auf das ganze Land übergreifen sollten, konnten diesen Wahnsinn nicht recht begreifen. Denn sie hatten den Anfang der Geschichte völlig falsch gedeutet. Um zu verstehen, warum sich mit Gezi die Türkei plötzlich auflehnte, mussten sie die Geschichte der letzten elf Jahre noch einmal von vorne erzählen – und zwar, ohne vor der Realität zurückzuschrecken. Einige internationale Medien scheuten sich und interpretierten die Proteste stur weiter als Zusammenprall der radikal-säkularen Kräfte mit der konservativen Gesellschaft, trotz der vielen gläubigen Muslime und konservativen Organisationen, die sich an den Demonstrationen beteiligten. Noch immer wollten sie nicht einsehen, dass diese Proteste für Gruppen, die allzu lange ignoriert und permanent unterdrückt worden waren, die letzte Chance waren, sich Gehör zu verschaffen. Aus Sicht der AKP-Anhänger und des Ministerpräsidenten waren diese Proteste das Werk von »ausländischen Mächten, Vaterlandsverrätern und Leuten, die sich der Türkei in den Weg stellen wollen«. Der Ministerpräsident näherte sich in seiner Sprache immer mehr dem Duktus der Putschgeneräle an, deren Bekämpfung ihm 2002 den Wahlsieg eingebracht hatte. Journalisten, die über die Proteste berichteten, Schriftsteller, Künstler und Geschäftsleute, die die Proteste unterstützten, wurden als Provokateure bezeichnet und mit Großaufnahmen in den von der AKP kontrollierten Medien zu Zielscheiben gemacht, während AKP-nahe Kolumnisten unter der Überschrift

»Aufruf an die Staatsanwälte« die sofortige Festnahme dieser Personen forderten.

Die Gezi-Bewegung liegt noch nicht lange zurück. Recep Tayyip Erdoğan ist inzwischen Staatspräsident geworden und hat sehr bald nach seiner Wahl 2014 klargemacht, dass er alles andere als neutral sein werde, wie es das Amt des türkischen Staatspräsidenten eigentlich erfordert. Er residiert nun in Ankara in einem gigantischen Palast mit 1100 Zimmern, für den er im Atatürk Forst, einem Naturschutzgebiet mit großer symbolischer Bedeutung für die Republik, zahlreiche Bäume abholzen ließ.

Weder ging aus den Gezi-Protesten eine politische Bewegung hervor, die Massen an sich hätte binden können, noch existiert in der parlamentarischen Politik eine Partei, die stark genug wäre, um eine Alternative zur AKP bilden zu können. Jeder Türke, ob arm oder reich, weiß, dass ein Wort aus dem Munde des Bosses sein Schicksal ändern kann. Der Boss für seinen Teil posiert auf den monumentalen Treppen seines Palasts mit Models, deren Uniformen sechzehn türkische Reiche der Vergangenheit repräsentieren. In den sozialen Netzwerken hielt zwar die Mehrheit dieses Bild für einen mittels Photoshop kreierten Scherz – nur leider war es keiner. Tagtäglich müssen wir uns in Erinnerung rufen, dass das, was wir gerade erleben, wirklich geschieht. Vertreter der AKP wiederholen unermüdlich, die Menschen, die mit der Entwicklung im Lande unzufrieden seien, sollten es doch entweder verlassen oder endlich lernen, sich den neuen Bedingungen anzupassen.

Auf die Frage, wie es angesichts der heutigen Situation wohl in der Türkei von morgen aussehen wird, wagt vor lauter Überdruss kaum jemand eine Antwort – wenn der Zorn die Menschen nicht ohnehin am Sprechen hindert. Die Antwort der AKP und des Staatspräsidenten auf diese Frage dagegen ist klar und eindeutig. Über allen Slogans der Parteiplakate prangt: Das Ziel ist 2023! Denn für das hundertste Jubiläum der Republik Türkei gibt es große Pläne.

Morgen

»Was soll bloß aus diesem Land werden!«

Wer nicht in der Türkei lebt, dem mag es seltsam erscheinen, dass dieser Satz mit einem Ausrufezeichen endet, aber im Türkischen ist das keine Frage. Dieser Satz ist ein Ausruf voller Sorge. Er dokumentiert einen tiefen Verdruss. Es ist schwierig, das diesem Satz innewohnende Gefühl in eine andere Sprache zu übertragen. »Was soll bloß aus diesem Land werden!«, bedeutet, dass die Situation schlimm ist, ja sich sogar noch verschlimmert. In diesem Satz legt jemand seinen Kopf in die Hände und verharrt in Ratlosigkeit. Hilflos bittet er um ein Heilmittel gegen die negative Entwicklung. »Gibt es vielleicht doch noch etwas, das wir tun können?«, drückt der Satz aus, manchmal allerdings reicht er sogar bis zum »Es gibt wohl nichts mehr, das wir tun können.«

»Das Ziel ist 2023!« So ambitioniert und prägnant der Slogan der türkischen Regierung in Bezug auf die Zukunft auch sein mag, die Parole der Menschen im Hinblick auf die Zukunft lautet: »Was soll bloß aus diesem Land werden!«

Die Leute betrachten die Zukunft der Türkei nämlich nicht durch die Linse der Machthaber, also von den Fenstern der Wolkenkratzer und Shopping-Center aus. Was sie sehen, ist vielmehr folgendes Panorama:

Ein Land, in dem die Mordrate an Frauen um 1400 Prozent gestiegen ist, das also den Frauen den Krieg erklärt zu haben scheint.

In dem 183 Personen, die meisten jung, manche noch im Kindesalter, seit dem Wahlsieg der AKP 2002 durch Polizeikugeln getötet wurden und in dem kein einziger Polizist verurteilt wurde.

In dem Hunderte Festgenommene in politischen Prozessen verurteilt wurden, die auf falschen Indizien fußen. Speziell für diese Prozesse werden Gerichtssäle in neu gebauten, lagerähnlichen Gefängnissen eingerichtet.

In dem die Anhänger der Regierung es für legitim halten, wenn jemand, der gegen die Polizei aufbegehrt, getötet wird, selbst wenn dieser jemand noch ein Kind ist. Ein gegen Oppositionelle geschaffenes, sogenanntes Feindesrecht scheint ihnen völlig gerechtfertigt.

In dem ein gehorsames und von der Macht verzaubertes Heer von Mittellosen es gerecht und richtig findet, dass alle Kompetenzen ohne jegliche Kontrollinstanzen einem einzigen Mann übertragen werden und dieser Mann in einem gigantischen Palast lebt.

In dem eine Regierung unverhohlen korrupte Minister und einen Berater des damaligen Ministerpräsidenten schützt, der Minenarbeiter mit Füßen tritt, die nach dem Grubenunglück von Soma 2014, bei dem 301 Bergleute starben, ihre Rechte verlangen.

In dem Hunderten Journalisten nach Anrufen der Machthaber bei ihren Herausgebern gekündigt wurde, weil sie über all das schreiben. Oder auch darüber, dass islamistische Kämpfer über die syrische Grenze in die Türkei hereingelassen werden.

In dem Abgeordnete der Regierungspartei im Parlament oppositionelle Abgeordnete krankenhausreif prügelten und die Fotos der Verletzten zum Spott in den sozialen Netzwerken verbreiten.

In dem man Gewerkschaften, Berufskammern und Universitäten mit politisch motivierten Gerichtsverfahren zerschlagen hat, um sie nach dem Prinzip von Unwissenheit und Machtgehorsam neu zu ordnen.

In dem Kinder im verpflichtenden Religions- und Osmanischunterricht einer zunehmend geschichtsklitternden, reaktionären und gleichgeschalteten Bildung ausgesetzt sind.

Nach diesem Blick aus dem Fenster überkommt einen endgültig das Gefühl, den Verstand zu verlieren, wenn man im Fernsehen Hunderte von Regierungssympathisanten wiederholen hört, dies sei das Bild der großen Türkei und der fortschrittlichen Demokratie …

Ein wichtiges Detail aber fehlt. Ein Detail, das sich nicht von Statistiken erfassen lässt und in den Analysen von Politik- oder Wirtschaftswissenschaftlern nicht auftaucht. In den letzten fünf Jahren bekommt man in Gesprächen immer wieder folgende Sätze zu hören:

»Ich ertrage das alles nicht mehr, ich will das nicht hören.«

»Dieses Land ist wirklich übergeschnappt. Es läuft völlig aus dem Ruder.«

»Ich halte es nicht mehr aus, ich habe aufgehört, Nachrichten zu schauen.«

»Das alles ist so absurd, dass es mir vorkommt, als passierte es in einem anderen Land.«

»Geschieht das alles wirklich, oder stecken wir nur mitten in einem Albtraum?«

»Vielleicht ist das alles ein Riesenscherz, und irgendwann entdecken wir die versteckte Kamera.«

Denn eine Gesellschaft, die daran erstickt, dass die Möglichkeiten der politischen Repräsentanz mit neuen Gesetzen zunehmend beschnitten werden, juristische Wege nicht mehr beschritten werden können, weil der gesamte Justizapparat von der Regierungspartei unterwandert und kontrolliert wird, die Presse völlig zum Verstummen gebracht wurde und Demonstrationen mit Antiterrorgesetzen verboten werden, muss sich tagtäglich auf allen Fernsehkanälen anhören, wie hervorragend dieses Land regiert wird. Wir leben wie Kinder, die jeden Tag geschlagen werden, und dann hören müssen: »Hier werden keine Kinder geschlagen, so etwas gibt es bei uns nicht.« Also wird ein Gefühl immer stärker, das Gefühl: »Sie bringen uns um unseren Verstand!«

Wenn diese Regierung sich tatsächlich 2023 als Ziel gesetzt hat, die große türkische Zukunft zu verwirklichen, dann ist damit gemeint, dass sich ihr bis dahin jeder unterzuordnen hat.

Der Satz, der in den letzten Jahren in den sozialen Netzwerken am häufigsten geteilt wurde, stammt ursprünglich von der Schriftstellerin Tezer Özlü: *Dieses Land gehört nicht uns, sondern denen, die uns töten wollen.*

Wenn man gegenüber Europäern von faschistischen Tendenzen in der Türkei spricht, dann erscheint ihnen das aufgrund der eigenen Geschichte vielleicht wie die Rebellion eines Teenagers, der von den Eltern gerügt wird, weil er sein Zimmer nicht aufgeräumt hat, und ihnen entgegenschleudert: »Das ist Faschismus!« Und sicher lässt sich diskutieren, ob es sich bei dem Zustand, auf den die Türkei sich zubewegt, um Faschismus handelt. Aber es ist eine Tatsache, dass heutzutage ganz normale Leute in der Türkei auf Facebook Martin Niemöllers Gedicht posten. *Als sie mich holten, gab es keinen mehr, der protestieren konnte … –* So denken sie. Denn sogar vollkommen unpolitische Ladenbesitzer und Obsthändler in der Türkei sind davon überzeugt, dass ihre Telefone von der Regierung abgehört werden.

Wer bestimmt nun die Zukunft der Türkei? Die Menschen, die an »Das Ziel ist 2023!« glauben und durch diese Linse auf die Türkei sehen? Oder jene, die morgens mit dem Gefühl aufwachen, zu ersticken oder zumindest verrückt zu werden?

Die Menschen in der Türkei, die mit diesem Gefühl leben müssen, gingen im Sommer 2013 auf die Straße. Alles begann mitten in Istanbul mit drei Bäumen, die auf dem Taksimplatz abgeholzt werden sollten. Es zeigte sich, wie viele Menschen nicht aufseiten der Regierung standen, im ganzen Land – mit Ausnahme zweier Städte – waren sie über Wochen Tag und Nacht auf den Straßen, um sich aufzulehnen gegen eine Regierung, die das Land bar jeglicher Vernunft und Kenntnis, entgegen jeglichem Rechtsgefühl und Gewissen lenkt. Und um sich aufzulehnen gegen das Gefühl der Ohnmacht, das Gefühl, wahnsinnig zu werden.

Kurz zuvor hatten junge Menschen in Kairo auf dem Tahrir-Platz und in Madrid protestiert, jetzt demonstrierten die Menschen am Taksimplatz, und auf ihren Gesichtern sah man das gleiche Lachen. Aber sie nahmen auch ihren möglichen Tod in Kauf. Während der Gezi-Proteste starben elf Menschen, 8163 wurden verletzt. Die Personen, die gewaltsam gegen die Demonstranten vorgingen, wurden nicht strafrechtlich verfolgt. Dagegen wurden 5653 Protestierende angezeigt. *Trotzdem schwebt der Geist von Gezi noch immer über der Türkei.*

Nicht nur in der Türkei, auch in Ägypten, Spanien, Griechenland und anderen Ländern gibt es immer wieder Spannungen. In den Armutsvierteln verwandelt sich die Auflehnung, die während des Übergangs vom Kalten Krieg in eine neue Weltordnung mit nur einem politischen Lager allmählich all ihrer Worte und Begriffe beraubt wurde, in puren Zorn. Vielleicht wird schon bald ein wortloser Aufstand beginnen, ohne Aussage, nicht wie am Tahrir-Platz, in Gezi oder in Madrid, wo die Proteste Wörter, Sätze, Forderungen enthielten.

Oder aber es gibt ein »Andalucia Reloaded«! Nicht nur in der Türkei, sondern überall auf der Welt besteht die einzige Chance einer freien Zukunft darin, den Armen, den Unterdrückten und Entrechteten ihre Worte zurückzugeben. Deshalb sollten sich die Protestierenden in den Ländern oberhalb und unterhalb des Nabels der Welt vereinen. Ost und West, Orient und Okzident, müssen von dort, wo sie einander berühren – wie damals in Andalusien –, neu definiert werden.

Morgen … Ganz egal in welcher Sprache – immer impliziert dieses Wort ein Eldorado. Wer es aber heute auf Türkisch sagt, bei dem schleicht sich, genau wie bei dem Satz »Wir sind hier schließlich in der Türkei«, ein Anklang von Hölle in die Stimme.

KAPITEL 1: GESTERN

»Geographie ist Schicksal.«

Ibn Chaldun

»Wie kann es uns gelingen, uns unabhängig vom Westen eine Meinung zu bilden und zu vertreten? Mein Gefühl sagt mir: Es muss sich um etwas Irrationales handeln, anders als das, was man im Westen unter einer Meinung versteht. Eine Meinung, die ich naiv nennen würde, unfreiwillig komisch, was derjenige, der sie vertritt, selbst gar nicht bemerkt. Es kommt mir so vor, als wären wir eine im Kindesalter stecken gebliebene Nation, als interpretierten wir die Welt und ihre Ereignisse noch ernsthaft mit Hilfe von Wundern und Mythen. Auf eine Weise, die ein vernünftiger Mensch im Westen belächeln würde, die uns aber todernst erscheint.«

Oğuz Atay, *Tagebuch*

Eins möchte ich gleich zu Beginn bemerken: Berichtet man einem Fremden voller Kummer vom eigenen Land, von Problemen und schwarzem Schicksal, treiben einen moralische Bedenken um. So muss das auch sein, um zwar nicht das Land, aber doch die Wahrheit, das große Ganze der Wahrheit nicht zu verraten, um nicht ungerecht zu werden. Ich fürchte, durch das, was ich berichten werde, könnte die Türkei als durch und durch krankhaft erscheinen. So ist es aber nicht. Dieses seltsame Land ist eine sonderbare Synthese. Mag sein, dass ich vor allem von den eitrigen Bestandteilen erzählen werde, doch ich hoffe, Sie glauben dann nicht, das gesamte Gebilde bestünde aus Eiter. Draußen von »zu Hause« zu erzählen, sollte nicht allein das Privileg jener sein, die nicht zu Hause sind.

»Yesterday is yesterday, today is today, tomorrow is tomorrow!« Als das Publikum am 7. Oktober 2003 in der Cornell University von dem Gast aus der Türkei diesen seltsamen Satz hörte, war es naturgemäß verblüfft. Der beleibte, kahlköpfige ältere Herr auf dem Podium hingegen übertrug diesen prägnanten Spruch, den er auf Türkisch seit Jahren immer wieder aufsagte, mit Stolz Wort für Wort ins Englische. Immerhin hatte er – mit diesem tiefschürfenden Satz auf den Lippen – sein Land zwischen 1965 und 1993 mit Unterbrechungen insgesamt zehn Jahre lang als Premierminister geführt, war anschließend Staatspräsident gewesen und hatte sich obendrein den Kosenamen *Baba*, Papa, erworben. Bei dem Herrn auf dem Podium handelte es sich um Süleyman Demirel, den neunten Präsidenten der Türkei. Und für ihn war völlig klar, dass diese Tautologie, die in ihrer ganzen Unsinnigkeit zutage trat, als er sie auf dem Podium der Cornell University wiederholte, die Beziehung der Türkei zu ihrer Vergangenheit einfach perfekt widerspiegelt: »Gestern ist gestern, heute ist heute, morgen ist morgen!«

Demirels berühmten Ausspruch bemühen in der Türkei nicht nur Politiker, sondern auch Normalbürger im Alltagsleben. Fragen Sie einen beliebigen Menschen: »Das hast du doch gestern erst gesagt, wie kannst du heute das genaue Gegenteil behaupten?«, so wird er Ihnen wie Demirel selbstgewiss und mit einem Grinsen jenen Satz hersagen: »Gestern ist gestern ...« Suchen Sie nach Konsequenz oder Moral – vergessen Sie es. Denn was gestern gesagt oder getan wurde, das war gestern. Der Grund für Grinsen und Selbstvertrauen ist die Bequemlichkeit, die dieser Satz, diese als legitim akzeptierte Perspektive bietet. Niemand kann Sie wegen gestriger Taten anklagen, der Staat kann für das, was er gestern tat, nicht zur Rechenschaft gezogen werden. Wer sich daran macht, das Gestern zu hinterfragen, verfällt dem Vergessen wie alles, was bereits im Gestern versank. Dabei geht es nicht um gestern, es geht um heute, noch wichtiger aber ist morgen. Dieser Satz bezieht sich auch auf die politische Moral. Mit einem solchen Blick dürfen sich die Politiker in der Türkei wohl zu den bequemsten Politikern der Welt zählen. Denn die Türkei ist ein Land, wo jemand, der von Politikern Rechenschaft für ihre Taten fordert, Beschimpfungen und Tadel erntet. Fragen über die Vergangenheit zu stellen, ist eine Schwäche, naiv und Spielverderberei, bedeutet, von gestern zu sein, sich im Heute nicht durchsetzen zu können, und letztlich scheiden Sie damit aus dem Spiel aus. Wollen Sie also etwas von gestern hinterfragen, haben Sie schon verloren. Sie haben das Heute und die Zeit verpasst. Sehen Sie am besten zu, sich dem Tageswandel gemäß neu zu positionieren.

Vergessen ist am besten. Besser noch ist es sogar, sich der

politischen Verhältnisse von gestern in einer Weise zu erinnern, wie die politischen Verhältnisse von heute es erfordern. Aus diesem Grund steht die Vergangenheit für die Türkei nie an ein und demselben Ort still, sondern rückt mal näher und mal ferner. Der Sieg des Kommandanten Mustafa Kemal Atatürk in der Schlacht von Gallipoli etwa ist sehr nah, gerade erst passiert, die Euphorie, die Wunden von damals sind frisch. Dasselbe Jahr 1915 kann aber auch *weit zurück in ferner Vorzeit* liegen ...

Die Wurzeln dieser allgemeinen moralischen Haltung liegen in einer *Übung des Vergessens*. Dieser Übung ist zu verdanken, dass man so tun kann, als sei es Ewigkeiten her, dass nach dem Militärputsch von 1980 Hunderttausende Menschen gefoltert wurden, dass Kurden im Gefängnis von Diyarbakır unfassbaren Torturen ausgesetzt waren, dass 2014 ein Grubenunglück 301 Menschenleben forderte. Oder dass vor zwei Wochen ein Junge durch Polizeikugeln starb, dass vor drei Tagen Tausende Ölbäume gesetzeswidrig abgeholzt wurden, dass gestern ein Mädchen vergewaltigt, getötet und zerfetzt wurde, dass jene, die heute nach Krieg schreien, noch vor nicht allzu langer Zeit nach Frieden mit den Kurden riefen. Das ist ja so lange her. Das geschah *weit zurück in ferner Vorzeit* ...

Der Beginn des Vergessens

»Ach die! Das sind Überbleibsel *aus ferner Vorzeit* ...«

Fragen Sie Ortsansässige nach den alten armenischen Kirchen, die vereinzelt noch mitten in anatolischen Städten und Dörfern oder an ihrem Rand, inmitten heute leerer Ebenen oder allein auf Bergen stehen, dann wird man Ihnen sagen: »Ach die! Das sind Überbleibsel aus ferner Vorzeit.«

»Wieso Vorzeit? Es ist gerade einmal hundert Jahre her, dass die Armenier von diesem Boden deportiert und ermordet wurden, das geschah 1915. Was heißt hier Vorzeit?«

Vorausgesetzt, Sie nehmen in Kauf, zum Hassobjekt zu werden, und haben den Mut, so etwas auszusprechen, dann wird Ihr Gegenüber unbekümmert nicken und sagen: »Ach ja, natürlich, die Armenier. Ja, die sind weg.«

Wo sind sie hin?

»Das war damals. Über die Brücke da sind sie weg.«

Wo sind sie denn hin?

»Na, über die Brücke da sind sie gegangen.«

»Und wohin dann nach dieser Brücke?«, brauchen Sie nicht weiterzufragen, die Antwort liegt auf der Hand. Aus unbekanntem Grund schnürten die Armenier eines Tages ihr Bündel und zogen zu Hunderttausenden »gen Vorzeit«.

In Fethiye, bei europäischen und russischen Touristen sehr beliebt, stehen auf einem Hügel leere Häuser aus Stein, das Dorf Kayaköy. Fenster und Türen sind herausgerissen. Gleich Toten mit ausgehöhlten Augen und offenen Mündern stehen sie da. Geister, die beim letzten Schrei erstarrt sind. Suchen Sie nach Informationen über die Geschichte dieses Dorfes, setzt die Erzählung irgendwann vor Christus ein und endet wiederum »weit in der Vorzeit«. Die Griechen, die hier einst lebten, gingen eines Tages, aus unbekanntem Grund, obendrein zu Tausenden, einfach fort. Bis heute hat sich niemand in dem Dorf angesiedelt. Fragen Sie die Bauern, sie werden Ihnen zeigen, über welche Brücke die Griechen einst fortzogen. Sie werden Ihnen ein lückenhaftes Märchen erzählen, das sich hinter jener Brücke »weit in der Vorzeit« verliert.

Das älteste öffentliche Bad in Ankara ist der Şengül-Hamam. Fragen Sie, wo es liegt, nennt man Ihnen einen unbekannten Straßennamen. Bohren Sie beharrlich nach, wo das denn sei, rückt man mit der ins kollektive Gedächtnis eingebrannten eigentlichen Ortsangabe heraus: »Im alten Judenviertel.«

Im jüdischen Viertel gibt es keine Juden mehr. Wo sind die Juden denn hin? Oder die Christen aus Ankara? Zweifellos gibt es da in der Nähe eine Brücke, auf die man verweisen kann. In Mardin gibt es eine für die Aramäer, es gibt auch eine für die Griechen aus Trabzon. Und für die Tausenden kurdischen Aleviten aus Dersim. Mit Gründung der Republik schicken die Brücken all ihre Geschichten in ein unendliches Vakuum, in ein in schwarze Löcher verwandeltes »Früher«, ein »Gestern«. Ironischerweise tragen zahlreiche Brücken in der Türkei die Worte »Atatürk« oder »Republik« im Namen.

Die Umwandlung von historischen Realitäten in lückenhafte Geschichte, zunehmend gar in Märchen, wie auch der Gedächtnisverlust, der Politikern die Annehmlichkeit bietet, grinsend »Gestern ist gestern, heute ist heute« zu sagen, sind Staatspolitik, und bereits die Gründung dieses Staates ging mit einer Amnesie einher. Ja, die Republik Türkei gründet auf Vergessen. Ihre Väter erklärten das Gründungsjahr zum Jahr null und verwandelten so alles, was vorher war, in Vorgeschichte. So überquerten denn jene, die »fortgingen« (die vertrieben wurden, die ermordet wurden, vor deren Fortgang man die Augen verschloss), eine Brücke und wanderten gen Vorzeit, über sie zu reden ist nun verboten.

Das Schweigen liegt aber nicht allein in einem bestimmten Verbot begründet. Das Vergessen ist ein Konsens, dem jeder einzelne Bürger zustimmt. Die Essayistin Nurdan Gürbilek, die sich über den »Geist« der Türkei Gedanken macht, schreibt: »Den türkischen Kopf beziehungsweise die originär türkische Seele verlangt es stets danach, schnellstmöglich den Ort zu wechseln, zugleich ist es ihr unmöglich, jemals das Ziel zu erreichen.«

Insofern ist Zeit für dieses Land etwas, das es zu überwinden gilt. Hier zu leben bedeutet, danach zu streben, unverzüglich ins Morgen zu gelangen. Aus Sicht jener, die ins Morgen aufbrechen, sind jene, die sich an gestern erinnern, Schrottkarren, die sie im Flitzer neuester Bauart überholen. Wer sich erinnert, hat etwas Altes, Unnützes, Kaputtes, Degeneriertes an sich.

Vermutlich aus diesem Grund sehen wir die Samstagsmütter, Angehörige von Kurden und Oppositionellen, die der Staat in den neunziger Jahren verschwinden ließ, die sich seit Jahren jeden Samstag auf der Istiklâl-Straße in Istanbul zusammenfinden, nicht als unser Ehrenzeichen – wie in Argentinien ihre Vorbilder, die Mütter der Plaza de Mayo, verstanden werden –, sondern als etwas »aus der Mode Gekommenes« zum Begaffen. Wir sehen die Mütter mit den Fotos ihrer ewig jungen, verschwundenen Kinder altern und wissen schon gar nicht mehr, seit wie viel Hundert Wochen sie hier zusammenkommen.

Dieses Desinteresse, diese mangelnde Sensibilität, diese Gewöhnung vom ersten Augenblick an sind erlernt. Wie wir uns nicht fragen, warum denn die mitten in Istanbul leer stehenden armenischen Gebäude leer sind, wie wir sie mit blinden Augen anschauen, so sind auch diese Frauen unsichtbar für uns. Die Samstagsmütter auf der Istiklâl-Straße sind zum Schandmal geworden, vor dem japanische Touristen stehen bleiben, um es mit gerunzelter Stirn zu fotografieren. Die Geschichte nicht zu sehen, selbst wenn sie uns unter die Augen kommt, gelingt nur mit antrainierter Blindheit. Wir haben gelernt, keine Fragen zu stellen, nicht neugierig zu sein. Das Einüben von Vergessen und Verdrängen, von Desinteresse und Blindheit, das mit Gründung der Republik einsetzte, wurde später durch Wiederholung perfektioniert, heute ist die Türkei ein wahrer Meister im Vergessen. Auf der Straße bekommen Sie zu hören: »Die Türkei hat ein Gedächtnis wie ein Sieb!«

Seltsamerweise fehlt bei diesem Satz das zufriedene Grinsen, das doch bei »Gestern ist gestern, heute ist heute« stets auf den Mienen liegt. Doch wie bereits in der Einleitung gesagt, gehört es zur Natur dieses Landes, aus einer Situation zwei unterschiedliche Emotionen zu schöpfen, aus einem Zeichen zwei gegensätzliche Schlüsse zu ziehen. »Das ist hier schließlich die Türkei!«

Wie lernt man, nicht neugierig zu sein?

Wer wie ich in Izmir aufgewachsen ist, wird jene Abende nie vergessen. Die Internationale Messe wird eröffnet. Eigentlich eine Messe für Handel und Kultur, ist sie traditionell auch Amüsement für die Izmirer Bevölkerung. Familien schlendern über das mitten in der Stadt gelegene, begrünte Gelände und besuchen die Pavillons der Länder. Die Kinder haben den meisten Spaß in der flimmernden Welt des Jahrmarkts. Wenn das Vergnügen zu Ende geht und es Zeit für die Heimkehr wird, sind die Kinder müde. Vergebens quengeln sie, um auf den Arm genommen zu werden: »Aber ich bin so müde, Mama!«

Merkwürdigerweise erhalten alle Kinder in Izmir darauf dieselbe Antwort: »Hier sind unter dem Boden Elektrokabel verlegt, deshalb wird man auf der Messe so schnell müde.« Wer mit dieser Erklärung aufgewachsen ist, hat später für die eigenen quengelnden Kinder dieselbe Antwort parat: »Hier sind Elektrokabel verlegt, deshalb …«

Um zu begreifen, dass die unter dem Boden gestaute Spannung nicht von Elektrokabeln herrührt, sondern von anderen Dingen, dass es nicht der »Strom« unter der Messe ist, der uns ermüdet, sondern die Geister in unserem Gedächtnis, müssen wir erst ziemlich erwachsen werden.

Ich habe mich nie gefragt, woher eigentlich diese große Freifläche mitten in Izmir stammt, auf der die Internationale Messe stattfindet. Und das, obwohl ich ein Buch über Armenier und Türken geschrieben und verstanden habe, dass es sich bei diesem in der Türkei herrschenden Desinteresse um eine eingeübte, eingepaukte Haltung handelt. Dabei gehört es zur unbewusst durchlaufenen Erziehung jedes Kindes, nicht zu fragen, ja, sich die Frage nicht einmal einfallen zu lassen, wann und warum die Besitzer der hübschen alten Häuser denn fortgingen, was den Besuchern der herrlichen Kirchen in Anatolien denn zugestoßen war, dass sie auf einen Schlag verschwanden, und weshalb die, die einst hier waren, heute nicht mehr da sind. Obwohl ich all das wusste, blieb die Messe für mich viele Jahre lang ein Ort, »an dem man wegen der Elektrokabel schnell ermüdet«. Früh erlerntes Wissen, so unsinnig es sein mag, ist widerspenstig, was Korrekturen angeht. Eingeübtes Vergessen und Desinteresse sind nicht mal so eben therapierbar, nicht einmal für jene, die durchaus bereit sind zu einer solchen Therapie. Zu erfahren, dass anstelle der riesigen Freifläche im Zentrum Izmirs sich einst das Viertel der Armenier und Griechen befand und dieses Viertel 1922 niedergebrannt wurde, während gleichzeitig Massaker an der christlichen Bevölkerung verübt wurden … die Anstrengung, derer es bedarf, die eingeübte Blindheit abzulegen, kann sehr viel größer sein als gedacht.

Aber auch zu lügen ist anstrengend. Bei jedem Mal wächst die Lüge und wird komplizierter. Bald wird der Stamm der Lüge mächtiger als die Wahrheit, die Sie zu verbergen suchten. Die Wurzel der Lüge schöpft Ihnen mehr und mehr Lebenskraft ab. Die Lüge ermüdet, die Lüge nagt. Deshalb ermüdet uns ein Land und nagt an uns, das sich seit seiner Gründung darin übte, nicht die Geschichte von Niederlagen, sondern von Siegen, nicht die Geschichte von Massakern, sondern von Freudenfesten, nicht von Toten, sondern von der Wiederauferstehung im Paradies zu schreiben.

Das muss der Grund dafür sein, dass Ihr Gesprächspartner – der Dörfler, den Sie nach der armenischen Kirche fragen; der

Kleinstädter, der außerstande ist zu erläutern, wohin die Leute von Kayaköy einst gingen; der Städter, der tut, als wäre ihm die Geschichte des Hamams in Ankara unbekannt –, sobald sich das Gespräch vertieft, auch andere Dinge zu berichten weiß. Der Dörfler etwa wird Ihnen erzählen, dass man die Zubereitung all der Speisen, das Tuchweben und das Maurerhandwerk von Armeniern gelernt habe. Ein Einwohner Izmirs wird seinen Rakı mit Blick auf die griechischen Inseln trinken, deren Lichter herüberblinken, auf die alten Freunde, mit dem Gefühl der Trauer über eine Katastrophe, die er nicht selbst miterlebt hat. Ein Mensch in Ankara wird sich daran erinnern, was die Juden am Samstag unternahmen, wie wichtig ihnen ihre Feste waren. Keiner von ihnen konnte betrauert werden, da man so tat, als hätte man vergessen. Alle, die heute hier leben, haben ihre eigene Geschichte. In jeder Familie beginnt der Weg, den eine Familie zurückgelegt hat, mit einem Märchen. »Unsere Leute kamen von weither …«, so lautet der erste Satz der Geschichten zahlreicher Familien in der Türkei. Auf diesen Wegen ging stets manches verloren und wurde vieles durchgemacht, bevor man sich hier niederließ. Eine solch traurige, blutige Geschichte steckt hinter dem Klischeebild von Anatolien als Brücke. Und auch heute leben die Menschen hier in der Unruhe, eine Brücke überqueren zu müssen.

Einer der Gründe für den Gedächtnisverlust der Türkei in Bezug auf das Gestern, der aber nicht auf das Gestern beschränkt bleibt, sondern das Heute mit umschließt, ist ein Satz, der da lautet: »Es geschieht so unheimlich viel im Land, das kann man gar nicht alles verfolgen.« Ereignisse, die in einem europäischen Land in einem ganzen Jahr erwartbar sind, können sich in der Türkei in einen einzigen Tag drängen. Beim Blick auf die politische und soziale Agenda der Türkei geht es uns allen wie den Nebenfiguren in *Jackie Chan*-Filmen. Ohrfeigen und

Tritte hagelt es dermaßen rasant, dass wir mit dem Zählen gar nicht nachkommen. Noch bevor wir für einen Schlag Rechenschaft fordern können, trifft uns schon der nächste. Ein Grund dafür liegt aber auch darin, dass wir den Film nicht angehalten haben, um Rechenschaft für die erste Ohrfeige zu verlangen.

Das Auslöschen der Massaker an den Armeniern 1915 aus der offiziellen Geschichte der Türkei leitete die Übung des Vergessens und Verdrängens ein, die im Nachfolgenden ununterbrochen wiederholt wurde. Demirels Satz »Gestern ist gestern, heute ist heute« ist also keine private Erfindung von ihm, sondern vielmehr eine Feststellung mit Blick auf den Geist der Türkei. Schließlich weiß auch das Volk, das ihn auf Kundgebungen mit »Baba! Baba!«-Rufen an die Brust drückt, sehr genau, dass Demirel 1971 tat, was er konnte, um drei junge Männer als abschreckendes Beispiel an den Galgen zu bringen. Bei der Abstimmung über die Hinrichtungen wandte er sich im Parlament der Fraktion seiner Partei, der national-konservativen AP (*Adalet Partisi*, Gerechtigkeitspartei), zu und rief: »Hoch! Hebt die Hände!« Sich derart für die Hinrichtung von drei jungen Männern einzusetzen war nur mit dem Wissen möglich, dass auch jener Tag dem Vergessen anheimfallen würde. (Bei den drei Männern handelt sich um Deniz Gezmiş, Hüseyin İnan und Yusuf Aslan, die zu wichtigen Symbolen der oppositionellen Kultur der Türkei werden sollten, sie wurden verurteilt, weil sie angeblich versucht hatten, »mit Gewalt die Verfassung außer Kraft zu setzen«.) Schließlich wissen Demirel und unser Volk, dass Väter morden und danach sagen können, gestern sei gestern. Denn ohnehin werden alle über jene Brücke gehen, die das Gedächtnis auf null setzt …

Vielleicht sind wir auch Kinder, die gezwungen wurden, zu sagen, der Vater hätte das Verbrechen, das er mit ansah, vergessen. Halten wir hier kurz inne, denn die Sache mit den Vätern ist wichtig.

Waisenkinder, Väter und Hass

»Was liegt dem zugrunde, darüber grübele ich nach, Detektiv. Was ist der Grund für den unendlichen Hass in diesem Land? Ein Fluch liegt auf diesem Land. Dieser wut- und hasserfüllte Wahn, in dem wir leben, muss eine Ursache haben. Ich schaue zurück auf 1971, als sie die jungen Männer hängten ... Doch das war nicht der Anfang. Ich schaue auf die zwanziger, dreißiger Jahre, die Zeit, als die erste Saat für dieses Land gelegt und die Republik ausgerufen wurde. Die Unabhängigkeitsgerichte, die Hinrichtung aufständischer Kurden ... Doch auch das war nicht der Anfang. Vielleicht, sage ich mir, begann alles in der osmanischen Zeit ... Im Osmanischen Reich wurden ja vom Balkan Knaben entführt, von ihren Eltern fortgerissen ... Verstehst du, Detektiv, man ließ dieses Land von Waisenkindern aufbauen, mir scheint, hinter diesem vermaledeiten Land steckt der Fluch der Waisenkinder. Der Grund für die grausame Unbarmherzigkeit ist der Hass jener Kinder ...«

Zu diesem Ergebnis lasse ich in meinem jüngsten Roman nach langer Grübelei Aydın kommen (ein Beamter, Mitte dreißig, gebildet), im Sommer 1980, wenige Monate vor dem letzten Militärputsch. Denn er fragt sich nach der Ursache für die Unbarmherzigkeit, die Rohheit und Härte, für das unterdrückerische, den Menschen aufreibende System. Er fragt sich, warum das Land seine Kinder nicht liebt. So gelangt er schließlich zu dem Ergebnis, unter der Staatstradition liege der Hass dieser Waisenkinder. Er glaubt, das Land sei verflucht. Ich weiß nicht, ob er recht hat. Das ist natürlich keine wissenschaftliche Schlussfolgerung. Folgende seltsame Beobachtung aber kann jeder teilen, der die Archive aller im Laufe der Geschichte in der Türkei publizierten Zeitungen mit Blick auf die Vorwahlperioden durchgeht: Parteiführer, Abgeordnetenkandidaten, sämtliche Politiker reden permanent und ausnahmslos vom

»Recht der Waisen«. Alle Politiker und Führer in spe zürnen jenen, die den »noch haarlosen Waisen ihr Recht« nehmen, es ist eben dieses Recht der jungen Waisen, das sie alle zu schützen trachten. Diese Aussage wird in allen Wahlreden immer wieder bemüht, um fehlgeleitete oder unmäßige Ausgaben zu kritisieren. Da könnte man beinahe denken, die Parlamentswahlen in der Türkei würden allein von den Stimmen der Waisen entschieden. Wer sich zur Wahl stellt, tritt entsprechend nicht als Politiker auf, sondern als um die Gunst der Waisen ringender Vaterkandidat.

Das diesem Kapitel vorangestellte Zitat von Oğuz Atay hat also recht, ist aber möglicherweise unvollständig. Wir sind nicht nur eine im Kindesalter stecken gebliebene Nation, sondern auch ein Land, das sich als verwaist empfindet, dem beigebracht wurde, so zu fühlen. Wir sind Waisenkinder, die an das Diktum glauben: »Ein Vater züchtigt und liebt«, die Ohrfeigen für die einzige Form von Berührung halten, weil sie Prügel in rauen Mengen einstecken müssen.

Haben Sie je Kinder gesehen, die nie Liebe erfahren haben? Kinder im Waisenhaus. Schenkt jemand ihnen Zuwendung, heften sie sich an ihn. Im ersten Augenblick löst das ein warmes Mitgefühl aus. Dann aber melden sich Zweifel: »Und wenn sie mich gar nicht wieder loslassen?« Zum Schluss wollen Sie nur noch weg und sich befreien. Denn Sie spüren, dass Sie sonst als Objekt des Verlangens zerrissen werden. Ein eigenartiges Gefühl der Spannung ist das. Nie geliebt worden zu sein bringt einen dazu, nach einem Vater zu suchen, an den man sich hängen, mit dem man verschmelzen kann.

Der Politiker auf dem Podium braucht keine Zahlen zur Wirtschaft zu nennen, braucht seine Versprechungen nicht zu halten, braucht kein Argument anzubringen, das einer rationalen Prüfung standhielte. Verhält er sich nur wie ein orientalischer Vater, sind ihm die Stimmen der Waisenkinder sicher.

Die Türkei scheint ein Waisenkind zu sein, das den Vater sucht, sich ihm, hat es ihn gefunden, ans Bein heftet und den vom Vater bestimmten Weg geht. Dementsprechend ist sie ein Land, in dem Menschen, die sich vor dem Verlangen der Waisen, vor der Brutalität dieses Verlangens fürchten, keine Politik machen können oder sagen wir, es sehr schwer in der Politik haben. Hier existiert also ein politischer Kosmos, in dem sich Charaktere, die »den Waisen Vater sein« wollen, aufschwingen, Führungsrollen zu übernehmen. Stets werden sie hier die Bühne beherrschen. Leute, die sich nicht scheuen, Waisenkindern einzubläuen, wer hier der Vater ist.

»Wir werden eine Generation heranziehen ...«

»Nach euch werden wir eine Generation heranziehen, die sich weder an euch noch an eure Kämpfe erinnern wird.«

Ein betagter Großvater lebt in seinem hübschen Häuschen in einer abgelegenen Kleinstadt. Er beschäftigt sich mit Ölmalerei. Talent hat er dazu zwar nicht, doch er ist ehrgeizig und macht rasch Fortschritte. Ein liebenswerter alter Mann, so scheint es. Tritt er noch hin und wieder im Fernsehen auf, applaudieren ihm junge Leute, denen erzählt wurde, er sei tatsächlich ein liebenswerter Greis, der einmal ein geehrter Staatsmann war. In Live-Sendungen küssen ihm sogar Journalisten die Hand. Dabei ist er alles andere als liebenswert. Denn von diesem freundlichen Opa stammt der Satz: »Wir werden eine Generation heranziehen, die sich weder an euch noch an eure Kämpfe erinnern wird.«

Diesen Satz richtete der Putsch-Opa an die linken, progressiven, demokratischen, in Organisationen aktiven Menschen, die er beim Militärputsch 1980 ins Gefängnis werfen, umbringen und foltern ließ. Damals malte er nicht in Öl, sondern in Blut. Er ist verantwortlich für den Tod Tausender, für die Folterung, die Verbannung, den Entzug der Staatsbürgerschaft, die Arbeitslosigkeit und den Hunger Hunderttausender. Die Lehrer und Studenten, die er ins Gefängnis werfen ließ, ersetzte er durch solche, die »Zu Befehl, Kommandant!« zu sagen verstanden, die Lücke, die durch von seiner Hand verbotene Gewerkschaften entstand, füllte er mit multinationalen Banken, er ließ so viele neue Haftanstalten bauen, wie er Vereine und Berufsvereinigungen verbieten ließ, mit der Einführung von Religion als Pflichtfach in den Schulen beschnitt er die Lehre der Philosophie, öffentliche Kulturzentren mussten schließen, stattdessen wurden Schulen für Imame und Prediger eröffnet.

Gleichzeitig wurde ein nie dagewesener Atatürk-Kult betrieben, Himmel und Erde wurden mit Atatürk-Denkmälern, -Bildern und Kulturzentren in seinem Namen überzogen. Das Türkei-Bild, das dieser Opa mit Blut und Schrecken malte, war mindestens so tot wie seine Stillleben in Öl Jahrzehnte später!

Er, der Putschistengeneral Kenan Evren, wurde ebenso wie Demirel jenen zum Vater, die Prügel für ein Zeichen von Liebe halten, und wie Demirel hat Evren in der Bequemlichkeit des »Gestern ist gestern« gelebt. Seine letzten Tage verbrachte er in einer Villa am Meer, bis er im Mai 2015 starb.

Der Abschnitt über diesen Greis birgt echtes Vergessen und Verdrängen. Dreißigjährige, die kein besonderes Interesse für politische Geschichte hegen, glaubten daher wahrhaftig, es handele sich hier um einen liebenswürdigen alten Mann, der gern malt, obwohl der blutige Militärputsch, den er anführte, gerade einmal fünfunddreißig Jahre zurückliegt.

Heute erinnert man sich an diesen Kenan Evren, der die frohe Botschaft verkündete, eine »Generation ohne Ideologie und Gedächtnis« heranzuziehen, entweder als an den malenden Opa, der den von 1971 bis 1980 herrschenden »Bruderzwist« beendete, oder als an einen brutalen General, der zusammen mit vier weiteren Generälen für den Putsch verantwortlich war, die Demokratie in der Türkei zerschlug und zum Zeichen des Faschismus wurde. Beide Erinnerungsmuster gehen irrtümlich davon aus, die Geschichte wäre an einem Tag und von einer einzigen Person verändert worden. Dabei ist es, Sie wissen das, doch so:

Faschismus bedeutet nicht, dass die Bösen über Nacht kommen und den Guten die Nase einschlagen. Faschismus entsteht, wenn sich die Menschlichkeit allmählich aus der Menschheit löst und verschwindet. Es ist ein schleichender, mit bloßem Auge kaum wahrnehmbarer Prozess. Sonst würde sich wohl keiner von uns heute mit diesem Leben abfinden. Faschismus ist unter allen Katastrophen diejenige, die ihre Kleider am schnellsten wechselt. Nähert sich dieser alte Bekannte, wird er nie rechtzeitig erkannt, obwohl seine Gestalt und sein Charakter tausendmal beschrieben sind. Ist er da und stellt sich vor, ist längst alles zu spät. Denn sein Wesen enthält ein Rätsel, das alles, was er berührt, verrotten lässt. Nicht Mord bringt er, sondern Verwesung. Etwas Schimmliges, Vermodertes. Faschismus kommt schleichend. Denn er löst ein winterschlafartiges Zögern aus. Mit Sätzen wie »Warten wir noch ein Weilchen …« oder »Vielleicht ist es gar nicht so schlimm wie befürchtet« wiegen sich die Menschen in vermeintlicher Sicherheit. Der Faschismus ist der größte Illusionist unserer Zeit. Er besitzt die Fähigkeit, dem Bösen den Anschein von Gutem zu geben. Diese Fähigkeit ist in der Geschichte schon häufiger eine fruchtbare Kooperation mit der rätselhaften menschlichen Fähigkeit eingegangen, Dinge, die so schlimm sind, dass man sie schier nicht mit ansehen kann, einfach gar nicht zu sehen. Faschismus bringt Menschen nicht nur um, in erster Linie verwandelt er sie. Der Faschismus siegt, wenn er den Menschen in seinem Wesen verändert hat. Zunächst hebelt er behutsam die Menschenwürde aus. Sobald der Legitimierungsmechanismus, der Akzeptanz herstellt und Unterdrückung erträglich macht, in den Köpfen der Mehrheit etabliert ist, beginnt das Spiel. Zur Herstellung von Akzeptanz muss das Wesen der Menschen in Richtung Wahn justiert sein. Und wir wissen aus der Weltgeschichte, dass ein Land durchdrehen kann, wenn nur das Wesen der Menschen gestört genug ist, Gesellschaften können dann erkranken und sogar zum unheilbaren Pflegefall werden.

Jedes ungesühnte Verbrechen in der Geschichte eines Landes, jedes begangene Massaker, jede erfahrene Tyrannei injiziert den Venen der betroffenen Gesellschaft Tropfen für Tropfen vergiftetes Blut. Ist erst das gesamte Blut in den Adern der Gesellschaft ausgetauscht, dann ist der neue Mensch bereit zu applaudieren, wenn vor seinen Augen das Denkmal der Unterdrückung errichtet wird. Über dieses neue Wesen des Menschen wurde nie etwas Gutes berichtet. Denn ist erst das Wesen verändert, ist der Weg frei …

So war es auch in der Türkei. Der Putsch von 1971 begann mit seinen Militärgerichten, mit Folter und der Unterstützung durch paramilitärische Kräfte, den Schimmel, das Modern des Faschismus in die Venen des Landes zu pumpen. Als nach einer anhaltenden Regierungskrise, unkontrollierbaren oder unkontrollierten Straßenschlachten und einer Wirtschaftskrise der 12. September 1980 und damit der nächste Putsch heraufzogen, war die Mehrheit im Land bereit, den Putsch zu begrüßen oder zumindest den Mund zu halten.

Der Faschismus wurde also nicht von einer Handvoll Generälen an einem einzigen Tag installiert. Es ist nicht einfach, das dem Leser in Europa zu verdeutlichen, erst recht nicht dem deutschen. Aber auch dieses Land hat eine ihm ganz eigene Geschichte mit einem hinkenden, konfusen, chaotischen Faschismus. Wann genau er seinen Anfang nahm, ist schwer zu datieren, ohne in Anachronismus zu verfallen.

Manche sagen, dieser Prozess des »Verwesens« begann schon

bei Republikgründung, auf jeden Fall ist es aber wohl doch richtig, die Phase um 1980 auf 1971 zurückzuführen. Die Ereignisse von 1971 waren kein Putsch im eigentlichen Sinn. Nennen wir es die Veränderung der Machtverhältnisse auf einen Wink der Armee hin. Denn mit dem an die Regierung gerichteten Memorandum vom 12. März 1971, unterzeichnet von vier höchstrangigen Generälen und in den Nachrichten des staatlichen Fernsehens verlesen, wurde die Regierung Süleyman Demirels gestürzt. Aber das Parlament wurde nicht aufgelöst, die Arbeit der politischen Parteien nicht behindert und keine Politiker verhaftet. De facto wurde auch nicht in die Staatsgeschäfte eingegriffen, doch die Armee zwang der Politik ihren Willen auf. Die Kontrolle der Waffen war Parlament und Regierung aus den Händen genommen.

Nach dem Coup wurden progressive Kräfte, die »zu weit gegangen waren«, linke Studenten, Lehrer, Bauern und Arbeiter verhaftet und gefoltert, vor allem aber ging der Putsch von 1971 mit drei Hinrichtungen in die Geschichte ein. In der Türkei erinnert man sich der bereits erwähnten drei jungen Männer seit ihrem Tod als *Denizler*, also Deniz & Co. Sie stellen eine Wende in der Ideenwelt der Türkei dar. Das Gespenst von Deniz Gezmiş, einem der drei, sollte in der Geschichte der Türkei an unerwarteter Stelle wieder auftauchen – genauso wie in diesem Buch. Seien Sie gespannt! Aber zunächst zu den nationalkonservativen Abgeordneten, die am 24. April 1972, dem Tag der Abstimmung, im Parlament über die Hinrichtung der drei jungen Männer, »Drei! Drei! Drei!«, brüllten. Warum brüllten diese Herren?

Faschismus oder schlicht Vergeltung?

Wie gesagt lässt sich der Prozess der Auflösung von Demokratie und Menschlichkeit in der Türkei weit zurückverfolgen. Da wir nun einmal damit begonnen haben, in die Zeit zu reisen, lassen Sie uns noch ein wenig weiter zurückgehen. Der Ruf der rechten Abgeordneten bei der Abstimmung über die Hinrichtung von Deniz & Co. am 24. April 1972 erfordert diese Zeitreise. Warum riefen sie: »Drei!«?

Weil es bereits 1960 einen Putsch gegeben hatte. Bei jenem gegen die damalige rechte Regierung gerichteten und angeblich von »progressiven Militärs« durchgeführten Putsch waren drei Männer hingerichtet worden. Übrigens wurde der Putsch von 1960 jahrelang als »Revolte« bezeichnet. Das Datum des Putsches wurde gar als »Fest der Freiheit und der Verfassung« gefeiert. Trotzdem hatte auch dieser Putsch drei Menschen das Leben gekostet. Und bei dem rechtsgerichteten Coup von 1971 mussten aus Gründen der Abrechnung der Linken drei Leben genommen und Blut mit Blut gesühnt werden. Da nach dem Putsch von 1960 der Führer der Rechten, Premierminister Adnan Menderes, Finanzminister Hasan Polatkan und Außenminister Fatin Rüştü Zorlu hingerichtet worden waren, galt es, bei der Revanche 1971 ebenfalls drei Leben zu nehmen. Und das tat man. Mit der Hinrichtung von Deniz Gezmiş, Yusuf Aslan und Hüseyin İnan, alle Mitte zwanzig, wurde Vergeltung geübt. Kopf der Abgeordneten der nationalkonservativen AP, die am 24. April 1972 im Parlament »Drei! Drei! Drei!« brüllten und Rache forderten, war Süleyman Demirel, der Jahre später in der Universität Cornell sagen sollte: »Gestern ist gestern, heute ist heute.« An jenem Tag wandte er sich den Reihen seiner Fraktion im Parlament zu und rief, damit sie für die Hinrichtung stimmten: »Hoch! Hebt die Hände!«

Nun entscheiden Sie, ob die Türkei ein Baum ist, der, falsch gesetzt, mit der Zeit verfault, oder einer, der verdorrt, weil er permanent von blutigen politischen Revanchen beschnitten wird. Bei einer Geschichte der Vergeltungen, bei der die Konkurrenten einander mit Feindesjustiz anklagen, fällt die Entscheidung schwer. Zweifellos waren diese Wendepunkte von entscheidender symbolischer Bedeutung für die Türkei.

Doch bevor wir davon sprechen, lohnt sich ein kurzer Blick auf folgende beklemmende historische Tatsachen:

Die 1923 gegründete Republik Türkei wurde von Atatürk bis zu seinem Tod 1938 regiert. Die Atmosphäre der damaligen Zeit spiegeln diese drei Sätze Atatürks recht gut wider:

»Türke, sei stolz, arbeite und vertraue!«

»Glücklich ist, wer sich Türke nennt!«

»Wir werden unsere Nationalkultur auf das Niveau zeitgenössischer Zivilisation bringen!«

Eine Nation, die einen Krieg hinter sich und alles verloren hat, macht sich, einmal abgesehen von den zum Schweigen gebrachten Oppositionellen, an die Arbeit und unterwirft ihren Stolz und ihre Würde hehren Zielen, der Gründervater erzieht sein Volk durch Hunger. Denn Atatürks Ziele, die für alle Lebensbereiche galten, wiesen auf das Licht am Ende des Tunnels hin. So lautete einer der Sinnsprüche, die Atatürk damals jeder Berufsgruppe mit auf den Weg gab: »Türkische Lkw-Fahrer sind Menschen edelster Gefühle.« Bis zu seinem Tod war Atatürk eine politische Figur, die jeden Ort der Türkei, das gesamte Wesen der Nation vollkommen und ausnahmslos durchdrungen hatte.

Die Jahre 1938 bis 1946 werden als Phase des »Nationalchefs« bezeichnet. Atatürks Waffenbruder İsmet İnönü, Vorsitzender der CHP, (*Cumhuriyet Halk Partisi*, Republikanische Volkspartei), war zunächst Premierminister und wurde anschließend Staatspräsident. Die Zeit Inönüs, der stets »der zweite Mann«

blieb, ist die Zeit des Zweiten Weltkriegs, aus der vor allem von Brotrationierung und politischer Repression berichtet wird. Sie endete 1946, als die ersten Wahlen des Mehrparteiensystems abgehalten wurden, die allerdings nicht sehr demokratisch abliefen. Protest gegen den staatlich verordneten Modernismus, die Einparteienherrschaft und den scharfen Etatismus kam von der rechtsgerichteten DP (*Demokrat Parti*, Demokratische Partei). Die ersten tatsächlich demokratischen Wahlen fanden 1950 statt, und sie brachten die DP an die Macht. Ihr Wahlslogan war, unter dem Symbol einer Einhalt gebietenden Hand, folgender Satz: »Es reicht! Die Nation hat das Wort!«

Nur 27 Jahre nach Gründung der Republik trennten sich hier also erstmals »Nation« und »Staat«, und die Türkei betrat das Parkett der Demokratie, um ihre politische Mündigkeit unter Beweis zu stellen. Das Bild der Türkei, die auf dem von Atatürk vorgezeichneten Weg als einheitlicher Block voranschritt und den gesteckten Zielen entgegeneilte, zerfiel zum ersten Mal. Das Volk ging mit 1:0 in Führung gegenüber dem Staat. Der Wind der Freiheit wehte. Doch es kam anders als erwartet, die Partei hielt ihre demokratischen Versprechungen nicht, sondern errichtete binnen kürzester Frist ein autoritäres Regime. Mehr erlaubte die demokratische Tradition der Türkei nicht, die neue Partei an der Macht stand der alten in nichts nach. In ihren zehn Regierungsjahren gliederte die Demokratische Partei die Türkei 1952 in die NATO ein und unterstützte das Pogrom vom 6. und 7. September 1955, bei dem in Istanbul Angehörige religiöser Minderheiten gelyncht wurden.

Die Militärs nahmen die Korruption in der Regierung und aufsteigende islamistische Kräfte zum Anlass für den Staatsstreich von 1960 gegen die rechtskonservative Regierung. Atatürks patriotische Soldaten »retteten Staat und Demokratie vor dem Volk«. Die Putschverfassung von 1961 weitete den Bereich gesetzlich festgeschriebener Rechte und Freiheiten aus. Als im darauffolgenden Jahrzehnt die Linke zur Massenbewegung wurde, verhärtete sich die Rechte mit bewaffneter Unterstützung konservativ regierter Staaten. Geographisch zwischen Sowjetunion und NATO-Ländern gelegen, wurde die Türkei zu einer vom Kalten Krieg bedrängten, aufgeheizten Bühne.

Der Putsch von 1971 wurde unter dem Vorwand dieses Chaos durchgeführt, es gelang allerdings nicht, die Massen wie gewünscht von der Politik fernzuhalten. Weil ihnen repräsentative Perspektiven versperrt waren, gingen sie auf die Straße. Von 1971 bis 1980 herrschten bürgerkriegsähnliche Zustände von zunehmender Intensität. Als zudem religiöse Konfessionen ins Spiel kamen, erlebte die Türkei die schlimmsten Massaker ihrer Geschichte. 1977 wurden am 1. Mai in Istanbul 34 Menschen umgebracht. Beim Massaker von Maraş 1978 wurden 150 linksgerichtete Aleviten getötet, bei dem von Çorum 1980 waren es 57. Die Aggression gegen linke Studenten, Lehrer, Arbeiter und Angestellte war so groß, dass bis 1980 täglich durchschnittlich zwanzig Menschen umgebracht wurden. In den Jahren 1977 bis 1980 kamen fünftausend Menschen ums Leben.

Der Putsch von 1980, der genau wie der vorangegangene unter dem Vorwand, den »Bruderzwist zu beenden«, durchgeführt wurde, zeitigte folgende Bilanz:

- 7000 Personen wurden mit Forderung nach Todesstrafe angeklagt.
- 517 Personen wurden zum Tode verurteilt.
- 259 Todesurteile wurden dem Parlament zur Zustimmung überstellt.
- 49 Personen wurden hingerichtet.
- 650 000 Personen wurden in Gewahrsam genommen.

- 1 683 000 Personen wurden erkennungsdienstlich behandelt.
- In 210 Prozessen wurden 230 000 Personen vor Gericht gestellt.
- 98 404 Personen wurde wegen »Mitgliedschaft in illegalen Organisationen« der Prozess gemacht.
- 30 000 Personen verloren ihre Arbeit, weil sie als »bedenklich« galten.
- 388 000 Personen wurde der Pass verweigert.
- 14 000 Personen wurde die Staatsangehörigkeit entzogen.
- 30 000 Personen gingen als Asylsuchende ins Ausland.
- 300 Personen kamen auf zweifelhafte Weise ums Leben.
- 171 Personen starben nachweislich unter Folter.
- 14 Personen starben infolge eines Hungerstreiks, mit dem sie gegen die Vorgänge in den Gefängnissen protestierten.
- 937 Filme wurden als »bedenklich« verboten.
- 23 667 Vereine wurden geschlossen.
- 3854 Lehrer, 120 Universitätsdozenten und 47 Richter wurden entlassen.
- 7233 staatliche Angestellte wurden in andere Regionen zwangsversetzt.
- 9400 Personen wurden aus dem öffentlichen Dienst entlassen oder versetzt.
- Journalisten wurden zu insgesamt 3315 Jahren und 6 Monaten Haft verurteilt.
- Zeitungen in Istanbul erhielten Publikationsverbote von insgesamt 300 Tagen.
- Gegen 13 große Zeitungen wurden 303 Verfahren eingeleitet.
- Vor Gericht wurden Haftstrafen von insgesamt 4000 Jahren für Journalisten gefordert.
- 300 Journalisten wurden attackiert, 3 Journalisten umgebracht.

- 49 Tonnen Zeitungen, Zeitschriften und Bücher wurden als »bedenklich« vernichtet.

Was war nun das Anliegen dieses dritten Putsches, den die Türkei nur 57 Jahre nach ihrer Gründung erlebte? Auch wenn rechtsgerichtete Regierungen sich beeilten, mit dem rasant in der Welt aufsteigenden Kapitalismus Schritt zu halten, behielt die Türkei bis 1980 ihre Mischwirtschaft. Doch acht Monate vor dem Putsch vom 12. September 1980 waren die berühmten »Wirtschaftsbeschlüsse vom 24. Januar« gefasst worden:

Eingliederung des Landes in ein Programm nach IWF-Muster; Garantie der Konvertibilität der türkischen Lira, Beschneidung des öffentlichen Sektors mittels Privatisierung, Entwicklung der Finanzmärkte, Errichtung von Kapitalmärkten; Erleichterung des Im- und Exports zur Stärkung des Außenhandels; Förderung ausländischen Kapitals; Freilassung des Zinsmarkts; Umsetzung einer Politik des flexiblen realen Wechselkurses; Senkung von Kapitalsteuern und Arbeiterlöhnen.

Da all dies nicht umsetzbar war, solange es eine starke Arbeiterbewegung und eine organisierte Linke im Land gab, wurde geputscht. Jahrzehnte später wurden CIA-Dokumente freigegeben, die belegen, dass der damalige CIA-Stabschef für die Türkei, Paul Henze, unmittelbar nach dem Putsch den damaligen US-Präsidenten Jimmy Carter anrief. Henze, der nach dieser Enthüllung im türkischen Fernsehen zu hören war, sagte damals: »Our boys did it!«

Während »unsere« gebildeten, fortschrittlich denkenden, mit Gewissen ausgestatteten »Söhne und Töchter« in den Folterkellern starben, bereiteten die für die oben genannte Bilanz des Schreckens verantwortlichen Putschistengeneräle sich darauf vor, künftig Sitze in den Vorständen multinationaler Unternehmen oder den größten Holdings des lokalen Kapitals einzunehmen oder zumindest zu deren Beratern aufzusteigen.

Kommen wir nun zu dem, was in dieser sehr kurzen und zugleich sehr langen Geschichte im kollektiven Ego der Türkei geschah und wie und mit welchen Bildern und Bedeutungen sich diese Wendungen ins kollektive Gedächtnis gebrannt haben. Vielleicht finden wir damit eine Antwort auf unsere Ausgangsfrage: Ist die Türkei ein Baum, der, falsch gesetzt, mit der Zeit verfault, oder einer, der verdorrt, weil er permanent durch blutige politische Revanchen beschnitten wird? Denn der Grund, uns an gestern zu erinnern, weshalb ich von gestern berichten muss, ist doch herauszufinden, welche gestrigen Fluten uns den Schlamm von heute gebracht haben. Damit wir verstehen, an welchem Punkt der Geschichte der Vergeltungen wir heute stehen. Stimmt's?

Das unsortierte Fotoalbum des Herrn Türkei

Herr Türkei (wir sind uns wohl einig, dass es sich um einen Mann handelt?), in dessen Kopf, Haus und Geschichte es recht wirr aussieht, will uns sein Album zeigen. Fotos von Momenten, die ihn im Laufe der Geschichte zutiefst beeindruckt und geprägt haben, die ihm weiter im Kopf herumgehen, obwohl er ihren Sinn nicht ganz verstanden hat. Doch das Album ist unsortiert. Und daneben liegt auch noch ein Stapel nicht eingeklebter Fotos herum. Genauso wenig wie ich es schaffe, mein Bücherregal aufzuräumen, weil ich an einem Brief, einem Buch, einem Heft, einer Notiz hängenbleibe, hat auch Herr Türkei es nie geschafft, sein Album und die Fotos aus der Vergangenheit je zu ordnen. Die Fotos sind nicht chronologisch sortiert. Warum nicht? Weil »gestern« hier nicht steckt, wo es hingehört. Denn wie wir wissen, rückt »gestern« in den heutigen politischen, sozialen und ethischen Diskussionen, Auseinandersetzungen und Gefechten einmal näher und einmal ferner. Herr Türkei sagt dazu: »Ja, es geht durcheinander. Das soll es auch!« Daraufhin konstatieren Sie: »Wenn gestern in nie feststehender Entfernung liegt, dann ist es sehr leicht, das Gedächtnis der Leute zu manipulieren.« Lachend bestätigt Herr Türkei das. »Lassen Sie mich Ihnen zunächst eine Geschichte im Zusammenhang mit genau dieser Konfusion erzählen«, sagt er und erzählt von einem Ereignis, das sich im April 2012 zutrug.

Auf Twitter war zu lesen: »Der Weg in den Gerichtssaal zum Prozess von Kenan Evren führt über den Kenan-Evren-Boulevard und durch die Kenan-Evren-Straße.« Die Türkei, die noch immer durch die Straßen einer verkrüppelten Demokratie wandert, gepflastert vom Militärputsch von 1980, erlebte die erste symbolische Verhandlung gegen die Exgeneräle Kenan Evren und Tahsin Şahinkaya. Beide gehören zu den für den Putsch von 1980 verantwortlichen Militärs. Aus gesundheitlichen Gründen glänzten sie bei der Verhandlung durch Abwesenheit.

Am 12. September 2010, dem 30. Jahrestag des Putsches, hatte die Türkei in einem Referendum über Verfassungsänderungen abgestimmt, die unter anderem die Immunität der Generäle aufhoben. Das Änderungspaket wurde von der Regierung als »großer Schritt auf dem Weg zur Demokratie« beworben, obwohl es außerdem eine Schwächung höchster Rechtsinstanzen zugunsten der Exekutive mit sich brachte. Die Regierung argumentierte, wenn die Täter von 1980 vor Gericht gestellt würden, könnte sich die Türkei mit ihrer jüngsten blutigen Geschichte versöhnen.

Bei den Debatten im Vorfeld des Referendums wies die Opposition darauf hin, wie sehr der Putsch nach wie vor im türkischen politischen und ökonomischen System verwurzelt ist. Sie führten an, eine Handvoll der verantwortlichen Militärs anzuklagen, reiche nicht aus, dem Putsch und seinen Nachwirkungen gerecht zu werden. Als Reaktion auf diese Kritik hielt Premierminister Erdoğan eine emotionale Rede über die jugendlichen Opfer des Putsches. Die Rede mutierte zu einem politischen Spiel gegen die Gegner und brandmarkte sie als Verteidiger des Putsches. Kenan Evren, den Pascha, vor Gericht zu stellen, war so symbolisch bedeutsam wie folgenlos. Die Türkei wartete über ein Jahr auf diesen großartigen Prozess.

Als Kenan Evren nun an einem Dienstag vor Gericht erscheinen sollte, blieb er wegen eines gebrochenen Arms und gesundheitlicher Probleme fern, doch die Nebenkläger waren anwesend. Eine von ihnen war die 104-jährige Berfo, Mutter von Cemil Kırbayır, der während des Putsches verschwand. »Ich bin hier!«, sagte sie und fragte: »Wo ist Kenan Pascha?!«

Fast alle, einschließlich der schärfsten Regierungskritiker, stimmten darin überein, dass der Prozess von symbolischer Bedeutung war, sie lehnten jedoch die Regierungsdarstellung ab, der Fall sei die letzte Schranke vor einer Vollendung der Demokratisierung. Denn nun waren Tausende politische Gefangene in Haft, verurteilt nach dem Antiterrorgesetz von 2005, das verblüffende Ähnlichkeit mit dem Militärrecht nach 1980 hat. Kurz gefasst lautete die Kritik an der Regierung: »Damals stand auf dem Etikett Anarchist, heute Terrorist.«

Kenan Evren, dieser Putschist mit blutbefleckten Händen, ist niemals über den Kenan-Evren-Boulevard in den Gerichtssaal gefahren. Unmittelbar vor Prozesseröffnung hatte er verkündet: »Wenn sie mich anklagen, bringe ich mich um.« Doch auch Selbstmord verübte Kenan Evren nicht. Vielleicht schauen Sie Herrn Türkei jetzt erstaunt an. »War das wirklich so? Haben die Leute sich nicht empört?« Wieder lacht er. »Wenn Sie mögen, kann ich Ihnen berichten, wie man so tut, als ließen sich sämtliche Krisen der Türkei mit einem winzigen Spielchen lösen«, sagt er. »Das würde Sie aber jetzt nur verwirren. Lassen Sie uns doch erst einmal durch das Fotoalbum blättern. Anschließend würde ich Sie aber sehr gern mit den falschen Versöhnungsspielchen bekannt machen.« Also gut, schauen wir uns das Album an.

1. *Die Eroberung Istanbuls*: Fausto Zonaros berühmtes Gemälde

Sprachen wir nicht über die Republik Türkei? Warum blicken wir dann ins Jahr 1453 zurück, zur Eroberung Istanbuls, dem Ende des Mittelalters? Weil die damalige Zeit, genauer der 29. Mai 1453, in der Türkei noch immer lebendig ist. Es gibt mehr und mehr Menschen, die sich als Osmanen empfinden. Für sie ist der 29. Mai kaum vergangen, ein Gestern, dem sie sich verbunden fühlen. Jedes Jahr organisieren sie an diesem Datum große Feierlichkeiten. Die Stadien, die früher für die Feiern zum Jahrestag der Republikgründung am 29. Oktober genutzt wurden, füllen sich nun am 29. Mai. Dort wird »die Eroberung Istanbuls« aufgeführt. Auf dem grünen Rasen gehen osmanisch gekleidete Menschenmengen mit Holzschwertern auf Männer in byzantinischer Aufmachung los. Auch wenn es jedes Jahr aufgrund der miesen Inszenierung oder allzu aufgeregter osmanischer Soldaten ein paar Verwundete gibt, gilt, sobald die islamisch-osmanische Fahne im Strafraum aufgepflanzt ist, Istanbul erneut als erobert. Die Zuschauer skandieren: »*Allahu ekber*! Allah ist groß!«

Diese Eroberungsfeste werden meist von einer »bezaubernden Sportshow« begleitet, Massendarbietungen in Judo und Karate, auch wenn sich der Zusammenhang nicht recht erschließt. Die Eroberungsgier, die sich in den Gesichtern der Zuschauer widerspiegelt, ist unglaublich. Als würde Istanbul nie ganz ihnen gehören, selbst wenn es Jahr für Jahr von neuem erobert wird, überfällt sie immer wieder dieser Hunger. Dann

der Eroberungstaumel! Man könnte meinen, die Menschen im Stadion wären heroische Janitscharen, deren Leben sich nicht etwa um die nächste Rate für den neuen Kühlschrank dreht!

Istanbul ist eine Stadt, die sich einfach nicht vollständig erobern lässt. Deshalb wehen an den verschiedensten Stellen Istanbuls riesige türkische Fahnen. Wenn Sie den Bosporus ins Visier nehmen, wird es Ihnen nicht gelingen, ein einziges Foto ohne türkische Fahne zu schießen. Istanbul mag stets aufs Neue erobert werden, nie wird es ein hinreichend muslimischer, ein genügend türkischer Ort sein, dem die sunnitisch-türkische Uniform so gut wie Anatolien passt.

Auf dem Bild aus dem Album sieht Sultan Mehmet der Eroberer, also der Mann, der tatsächlich die Fahne des Islam in Istanbul aufstellte, sehr viel weniger aufgeregt, überdreht, gierig und eifrig aus als die Stadionbesucher von heute. Auf dem Rücken eines weißen Pferdes reitet er, ohne Schwert in der Hand, gemächlich zum Stadttor hinein. Dieses Bild werden Sie in der Türkei in vielen Cafés entdecken.

Es gibt noch ein anderes Bild, es liegt auf dem Stapel neben dem Album. Sultan Mehmet der Eroberer spricht in aller Ruhe mit dem orthodoxen Patriarchen Istanbuls. Der *Historie de la Turquie* von Alphonse de Lamartine zufolge geleitet der Sultan den Patriarchen persönlich zur Tür. Es heißt, der Sultan habe mit dem Patriarchen Griechisch gesprochen. Die Menge im Stadion mit all ihren osmanischen Gefühlen würde das wohl kaum glauben. Die Geschichte ist nicht aufregend genug, um den Eroberungsrausch zu stillen. Der Menge liegt nichts an echten Bildern aus der Geschichte, sie will ein anderes Gestern, ein Gestern, das mit Holzschwertern und Janitscharenkapelle erschaffen wird.

Wohl aus diesem Grund avancierte der 2012 angelaufene Kinofilm *Fetih 1453, Die Eroberung von 1453*, zum größten Kassenschlager aller Zeiten in der Türkei. Als Devrim Evin, der den Sultan spielte, verkündete, er könne an den Eroberungsfeierlichkeiten 2013 nicht teilnehmen, weil er bei den Protesten im Gezi-Park sei, verwechselten ihn so viele mit seiner Rolle, dass ein Shitstorm in den sozialen Medien über ihn hereinbrach. Am meisten regte sich Ahmet Emre Bilgili, Tourismusdirektor der Provinz Istanbul, über den Schauspieler auf. Denn er hatte fünfhundert Schüler mit den Vornamen Fatih, Sultan und Mehmet für die Filmvorführung zusammengetrommelt!

Der Vorname von Schauspieler Evin aber lautet nicht Fatih, der Eroberer, sondern Devrim: Revolution.

Es gibt heute Menschen in der Türkei, die die Osmanen nicht osmanisch genug finden. Sie ärgern sich vermutlich besonders über ein Foto, das im Internet kursiert. Auf dem Bild sind schick gekleidete, extrem europäisch aussehende, teilweise blonde Nachfahren der osmanischen Dynastie im Exil zu sehen. Ihnen gegenübergestellt werden dann die »osmanischen Enkel« aus Anatolien: dunkelhäutige, orientalische, nach islamischen Vorschriften gekleidete Männer. Unter dem Titel »Die wahren Osmanen und jene, die sich als Osmanen empfinden« wird dieser Witz verbreitet. Und beweist so, dass die neu entdeckte, neu geschriebene Geschichte nie mit der Wirklichkeit übereinstimmt. Ein Sultan Mehmet der Eroberer, der Griechisch parliert und einen Priester zur Tür geleitet? Um Himmels willen!

2. Die Landkarte der Türkei: äußerst heikle Grenzen

»Dieses Land gleicht dem ins Mittelmeer ragenden Kopf einer aus Fernasien herangaloppierten Stute, dieses Land gehört uns«, schrieb der Dichter Nazım Hikmet.

Die Konturen des Landes poetisch zu beschreiben, ist einfach, versucht man es politisch, fängt der Streit an. Ob auch in anderen Ländern von Grundschulkindern verlangt wird, eine Karte ihres Landes auswendig zu zeichnen? Meine Generation zumindest wuchs damit auf, im Malheft auf den Zwischenblättern aus Durchschlagpapier dutzendfach die Türkeikarte abzupausen, um sie auswendig zu lernen. Vergiss bloß nicht Hatay an der syrischen Grenze! Lass die kleinen Kringel in Thrakien nicht aus, sonst fällt unser Land noch an die Balkanstaaten! Überlass die Ägäisinseln auf keinen Fall Griechenland! Pass auf bei Iran, Irak und Armenien!

In der Türkei war man im Laufe der Geschichte immer

wieder sehr besorgt um die Konturen der Landkarte. Erschreckende Nachrichten unter der Schlagzeile »Das ist die Karte!« füllten die Zeitungen. Auf einer Landkarte hatten die Armenier sich einen Teil der Türkei einverleibt, auf einer anderen die Kurden. Auf der Karte, die angeblich von einer Tagung griechischer Nationalisten stammte, waren uns unsere Inseln abhandengekommen, bei einem in Syrien geschmiedeten Komplott ein Stück Boden an der dortigen Grenze.

Durch das Zeichnen der Landkarte wurden Furcht und Spannungen gesät. Die Kinder des, wie Regisseur Nuri Bilge Ceylan sagte, »einsamen und schönen Landes« wuchsen mit der Vorstellung auf, von Feinden umzingelt zu sein.

Ein anderes, jahrelang bemühtes Klischee war »die strategische Lage der Türkei«, verwiesen wurde damit sowohl auf Spannungen wie auch auf eine politische Chance. Allerlei seltsame, bunte, traurige Geschichten sind in dieser Landkarte verborgen. Zu der Landkarte gehört ein Foto, das ausnahmslos zu jedem religiösen Fest die Zeitungsseiten schmückt. Die Bildunterschrift lautet: »Festtagswünsche an der Grenze!«

Menschen zu beiden Seiten des Stacheldrahts im Osten und

Südosten werfen sich Geschenkpakete zu und strecken sich die Hände entgegen. Die Leute richten Picknicks aus und rufen einander lauthals Festtagswünsche zu. Auf den Inseln kommen türkischsprachige Angehörige und Freunde aus Griechenland zu Besuch, man sitzt in Cafés und plaudert, Märkte werden abgehalten.

Diese Begegnungen sind ohne »strategische Bedeutung«, da geht es nur um von der Grenzziehung gespaltene Familien und Freundschaften. Diese inoffiziellen Fotos haben im offiziellen Album natürlich keinen Platz.

Manchmal sind uns die nächsten Nachbarn am fernsten. An der armenischen Grenze stehen zu beiden Seiten, jeweils auf den anderen gerichtet, symbolische Kanonen. Armenien mag von Billigwaren aus der Türkei überschwemmt werden, und Frauen aus Armenien mögen in der Türkei gern gesehene Pflegekräfte sein, die Grenzen auf der Landkarte sind fett und deutlich. Die Türkeikarte, das Passbild des Landes, ist starr und verzerrt wie Passbilder es nun einmal sind.

3. Buchstaben, Hut, Kleider ... Schnittmuster der Republik

In meiner Jugend las ich einen Text darüber, welch eindrucksvoller Mann Atatürk doch sei, woraufhin ich ins Grübeln geriet: »Sieht Atatürk gut aus?«

Ich merkte, dass ich es nicht zu sagen wusste. So sehr ich mich auch anstrengte, ich nehme Atatürk nicht als Menschen, als Mann wahr. Eine Figur, deren Bild ich so oft gesehen habe – vom ersten Schultag bis zum letzten Universitätssemester hing es mir von morgens bis abends vor der Nase –, als Menschen wahrzunehmen, ist nahezu unmöglich. Zumindest meine Generation und die nachfolgenden sahen Atatürks Gesicht so häufig, dass sie vergaßen, es mit einem Menschen zu tun zu haben. Wir begegneten so vielen, nach 1980 errichteten Denkmälern von ihm auf hohen Sockeln, dass es uns schwerfällt, ihn sich in Menschengröße vorzustellen. Im Fotoalbum finden sich Hunderte von Atatürk-Bildern, drei davon wollen wir uns näher anschauen.

Auf dem ersten stellt Atatürk an der Tafel das neue Alphabet vor. Die Kreide in der Hand, macht er die Nation mit den lateinischen Buchstaben bekannt, die die arabischen ablösen sollten. Wer wie ich das arabische Alphabet gelernt hat, wird Atatürk für die Schriftreform dankbar sein. Allerdings war mit dieser Reform eine Gesellschaft über Nacht von ihrer Vergangenheit abgeschnitten. Enkel können die Briefe ihrer Großväter nicht lesen, die Erb- und Grundbesitzurkunden aus osmanischer Zeit sind nicht mehr zu verstehen, genauso wenig wie alte Gedichte, ja selbst auf dem Dachboden aufgestöberte Liebesbriefe. Ich könnte seitenlang davon erzählen, welchen Mangel, welche Zersplitterung das im kollektiven Selbstbewusstsein auslöste, aber ein Beispiel soll hier genügen.

In Teheran verkaufen kleine Kinder, um Geld zu verdienen, klassische Gedichte auf rosa Pauspapier in der Größe von Bus-

tickets. Am populärsten sind die Liebesgedichte Fuzulis, der auch mein Lieblingsdichter der osmanischen Epoche ist. Ich kaufte einem Kind ein Gedicht ab und starrte wie blöd auf die in arabischen Schriftzeichen verfassten Zeilen:

> *Gittikçe hüsnün eyle ziyâde nigârımın*
> > *Lass die Schönheit meiner Liebsten stetig wachsen*
> *Geldikçe derdine beter et müptelâ beni*
> > *Kommt sie zu mir, lass mich der Liebesqual nur umso mehr*
> > *verfallen*

Der Achtjährige erbarmte sich meiner und las mir das Gedicht vor – und die Wörter konnte ich mühelos verstehen. Kann ein

Volk, das seine eigenen Liebesgedichte nicht lesen kann, eine Geschichte der Liebe haben? Wie würde ein Deutscher dastehen, der Goethe nicht lesen kann, oder ein Brite, der Shakespeares Sonette verständnislos anstarrt? So in etwa geht es einem Menschen aus der Türkei mit Fuzuli.

Ein weiteres Foto von Atatürk stammt aus der Zeit der Hutreform.

Im Großen Basar von Istanbul kaufen die Touristen zwar mit Vorliebe einen Fez, doch seit 1925 wird der Fez in der Türkei nicht mehr getragen. Erlauben Sie mir eine kurze Randbemerkung: Auch Apfeltee trinkt man in der Türkei nicht. Was auch

immer irgendein Marketinggenie den Touristen in den Kopf gesetzt haben mag, alle Besucher dieses Landes sind vernarrt in Apfeltee. Dabei gibt es Apfeltee in der Türkei nur in Souvenirläden und am Flughafen. Das musste einfach mal gesagt werden!

Der Hut, den Atatürk am 27. August 1925 mit den Worten »Diese Kopfbedeckung nennt man Hut« vorstellte, wurde auf einen Schlag in den türkischen Alltag eingeführt und alle orientalischen Kopfbedeckungen und Kleidungsstücke verboten. Die Europäer kennen dieses Verbot aus Antoine de Saint-Exupérys *Der Kleine Prinz*. Im Buch entdeckt ein türkischer Astronom den Asteroiden B612, auf dem der kleine Prinz in dem Buch lebt. Der Astronom berichtet auf einem internationalen Kongress von dem Asteroiden, aufgrund seiner orientalischen Kleidung aber nimmt man ihn nicht ernst. Dann führt ein türkischer Diktator die Kleiderreform durch und zwingt seine Untertanen, sich europäisch zu kleiden. Nun tritt derselbe Astronom ohne Fez und im Anzug vor den Kongress und überzeugt alle. Dieses Kapitel kennen die wenigsten türkischen Leser, denn bis vor einigen Jahren war der Abschnitt über die Kleiderreform zensiert.

Warum ist ausgerechnet dieses Foto, das sich sogar auf *Den Kleinen Prinzen* auswirkte, für die Türkei so wichtig? Wichtiger noch als der Befreiungskampf, der doch zur Gründung der Republik führte? Dieser Hut ist tiefgründiger, als er aussieht. Wie René Magrittes Pfeife. Auch für den Hut, den Atatürk auf dem Foto in der Hand hält, gilt: *Ceci n'est pas un chapeau!* Wie ein winziges Abbild der zerrissenen Psyche dieses Landes. Wie das Foto von der Schriftreform das Bild des Bruchs mit einer langen Vergangenheit um einer strahlenden Zukunft willen ist, so zeigt die Hutreform die Trennung von Religion und Staat.

1925 wurde das Hutgesetz erlassen, achtzehn Personen, die sich widersetzten, wurden hingerichtet, zahlreiche Personen zu Haftstrafen verurteilt oder in die Verbannung geschickt. Beamte, die nun verpflichtet waren, Hut zu tragen, erhielten einen »Hutzuschuss« für den Kauf. 80 Lira betrug dieser Zuschuss, ein Brot kostete damals 5 Kurusch. Ein Hut kostete also so viel wie 1600 Brote. Das Bestreben, Menschen, die mit ihren Kopfbedeckungen, ob Fez, Turban oder Tuch, zur Verteidigung des Landes beigetragen und ihre Söhne und Töchter dem Krieg gegeben hatten, auf einen Schlag in eine bestimmte Kleidung zu zwängen, ist doch wirklich erstaunlich. Stellen Sie sich nur einen Beamten vor, einen Verfechter der Republik, der vor drei Jahren aus dem Krieg heimgekehrt ist und sich noch immer nicht satt essen kann. Seine Geschichte mit dem Hut dürfte wohl nicht weniger düster und tragisch sein als Gogols Erzählung von Akaki Akakijewitsch und seinem Mantel. Wie angeblich die russische Literatur aus Gogols Mantel schlüpfte, so kroch die absurde Tragödie der heutigen Türkei aus jenem Hut. Eine neu entdeckte Tradition kann nicht dieselbe wie die früher existente sein. Sie trägt die Last von mit der Zeit aufgestautem Hass und Zorn auf der Schulter.

Deshalb tauchte der Hut in den neunziger und zu Beginn der zweitausender Jahre erneut auf der türkischen Agenda auf. Nun war er Symbol kemalistisch eingestellter Frauen, die westliche Werte gegen islamischen Konservatismus verteidigten. Die »laizistischen Tanten«, die es bis heute gibt, erkennt man leicht an ihren Hüten. In der heutigen Türkei wirken sie wie pensionierte Beamte aus der abgeschafften Sowjetunion, die in Russland noch immer 1.-Mai-Feiern abhalten. Sie wollen heldenhaft beweisen, dass ein altes, ausgedientes Sozialprojekt weiter existiert.

Turban, islamische Kleidung und vor allem das Kopftuch, die verboten wurden, erleben seit den achtziger Jahren ihre Wiedergeburt. Und zwar als deutlichste, feurigste Symbole der kulturellen Krise der Türkei. Den Filzhut, wie Atatürk ihn

auf dem Foto in der Hand hält, trägt bis auf uralte Opas an Festtagsbesuchen heute niemand mehr. Wird in der Türkei ein Leichnam aus einer Wohnung getragen, stellt man die Schuhe des Verstorbenen vor die Tür. Das ist ein trauriger Anblick. Wenn Sie mich fragen, liegt heute vor der Tür der kulturellen und sozialen Verwirrung der Türkei ein Filzhut.

Das nächste Foto zeigt Mevhibe İnönü, die Gattin des zweiten Mannes der Republik und »Nationalchefs« İsmet İnönü. Sie trägt einen sehr viel eleganteren Hut. Mevhibe İnönü machte als erste Frau in Ankara den Führerschein. Sie war eine zarte kleine Person, Sie würden sich wundern, wenn Sie ihre Kleider sähen, die in ihrer Villa heute ausgestellt sind. Schuhe und Kleider von Mevhibe Hanım könnte die geschrumpfte Alice im Wunderland getragen haben. Die Kleider entsprechen allesamt der damaligen westlichen Mode. Ihre Tochter erzählte mir in einem Interview, dass Mevhibe Hanım zu Beginn reichlich Schwierigkeiten hatte, diese westlichen Kleider zu tragen, sie wehrte sich dagegen, den Kopf zu enthüllen, akzeptierte aber später diese Kleidung, um ihrer Vorbildfunktion für die neue Türkei gerecht zu werden.

Mevhibe Hanım war weder die erste noch die letzte Frau,

die als Schaufensterpuppe für gesellschaftliche Projekte diente. Die heutige First Lady Emine Erdoğan als ein Gegenbeispiel bezog Prügel von ihrem großen Bruder, als sie sich weigerte, ein Kopftuch zu tragen, wie sie in einem Interview sagte, das sie später dementierte. Der Blick auf das Foto von Mevhibe İnönü zeigt, wie bei den Projekten der Orientierung nach Westen und der Modernisierung von Anfang an die Frau als Objekt ins Schaufenster gestellt und an- oder ausgezogen wurde. Dem Dilemma »Minirock oder Kopftuch«, bis heute in der türkischen Gesellschaft als große Identitätsfrage diskutiert, liegen diese alten Fotos zugrunde. Schlimmer noch, man glaubt, den als »Minirock-Kopftuch-Spannung« erlebten Konflikt wiederum mit einem »Minirock-Kopftuch-Frieden« zu einer falschen Lösung führen zu können. Dabei, und wir werden das im Kapitel »Heute« später sehen, repräsentieren weder die als »laizistische Tanten« mit Hut bezeichneten Frauen die Republik, noch die neureichen muslimischen Damen, die Versace und Gucci tragen. Die Verwendung der Wörter *kadın*, Frau, und *hanım*, Dame, weisen auf eine politische Spaltung in der Türkei. *Kadın*, mit fast erotischer Konnotation, wird säkularen Kreisen überlassen, der Rang der *hanım* dagegen ist ein nur verhüllten Frauen zugestandenes Privileg. Die Spielchen eines Landes, das Frauen in Gesellschaftsprojekten als Joker benutzt, sind endlos. Auch das nächste Foto handelt davon.

4. Männerpyramiden und Mädchenorchester

Fotos wie dieses wurden in der ersten Dekade der frisch gegründeten Republik immer wieder aufgenommen. Beim Jugend- und Sportfest am 19. Mai klettern junge Männer auf die Schultern der anderen und bilden eine Pyramide. Lassen wir beiseite, dass der 19. Mai, der Tag, an dem der Befreiungskampf begann und der jährlich als Jugend- und Sportfest feier-

lich begangen wird, auf solch phallische Weise symbolisiert wird. Schauen wir uns die Mädchen an. Genau wie die Jungen sind sie in Weiß gekleidet, mit Trompeten marschieren sie jedes Jahr in den Städten dieselben Straßen in militärischem Rhythmus auf und ab.

Diese jungen Menschen marschieren in ihren weißen Kleidern entschlossen einer hellen Zukunft entgegen und errichten der Erdanziehungskraft zum Trotz Pyramiden. Wenn die Schüler aller Schulen in die Stadien strömen, führt jeder seine eigene Vorstellung auf. Mädchen tanzen in Shorts. Sie formen auf dem grünen Rasen ein großes Bild. Sie bilden mit ihren

Leibern die türkische Fahne, die Landkarte oder auch Atatürks Unterschrift. Man kennt den »Gestern-Heute«-Vergleich aus Afghanistan: Bilder von Frauen in Burka werden neben Fotos aus den sechziger Jahren gelegt, die afghanische Frauen im Minirock zeigen. Ähnliches funktioniert mit Fotos aus dem Iran. Ob diese alten Fotos wirklich Durchschnittsbürgerinnen jener Zeit zeigen oder ob das Tragen von Miniröcken möglicherweise auch damals ein Privileg der oberen Schichten war, wissen wir nicht. Für die Türkei können wir einen ähnlich mangelhaften Vergleich mit Fotos von den Feierlichkeiten zum 19. Mai aus den vierziger Jahren anstellen. Denn die Shorts der Mädchen auf den Festtagsfotos wurden mit fortschreitendem Konservatismus in der Türkei zunächst zu knielangen Röcken und schließlich zu modisch geschnittenen Pluderhosen. Den ersten Schritt machte der Militärputsch von 1980, er verlängerte die Röcke der Mädchen, obwohl er von außen betrachtet doch für Laizismus stand. Auf der einen Seite brachte er die studierende Jugend in den Folterkammern um, auf der anderen füllte er die Stadien mit dieser Jugend in Weiß, die »das ewige Licht unbefleckten Verstandes« widerspiegelte. Heute gerät der 19. Mai zunehmend aus der Mode und mutiert zu

einer Veranstaltung, auf der, um sich der Mode anzupassen, Popmusik gespielt wird. In den ersten Jahren der eskalierenden Auseinandersetzung zwischen Laizisten und Konservativen tanzten am 19. Mai Mädchen zu einem Remix des Marsches zum 10. Jahrestag der Republik, aufgenommen von einem Popstar. Das Stück lief dann jahrelang nachts in Discotheken, zu diesem Marsch riss die entpolitisierte Jugend der sogenannten »weißen Türken«, der urbanen republikanischen Elite, die Arme in die Luft, brüllte den Text mit und heizte ihre säkularen Emotionen an.

Bitter ist vor allem, dass unpolitische junge Menschen keine andere Wahl haben, als gegen den islamischen Konservatismus an diesen verstaubten Zeremonien festzuhalten. In den zweitausender Jahren fand der laizistische Teil der Gesellschaft kein Symbol mehr außer der türkischen Fahne und Atatürk-Porträts, auf das er zur Verteidigung seines Lebensstils zurückgreifen konnte. Für diese verschnittene laizistische Sprache können wir uns bei dem Putsch von 1980 und seiner Verfassung bedanken, die sämtliche Symbole und Sätze der Linken verboten!

5. Ein bärtiger Mann sagt:
»Das ist eine Schande, eine Sünde, Unterdrückung!«

Zwei Fotos haben wir hier. Eines zeigt das traurige Gesicht eines Mannes mit langem schwarzen Bart. Auf dem anderen stellt eine junge Pilotin Siegermiene zur Schau. Warum stecken diese beiden Aufnahmen von 1937 nebeneinander im Album? Um das zu ergründen, müssen wir uns erst mit dem Dichter Cemal Süreya befassen. Folgende Zeilen kennt in der Türkei fast jeder:

Nun gehst du fort
Geh nur
Deine Augen bleiben ja nicht da
Auch sie gehen fort

Der Name des berühmten »Dichters der Liebe« Cemal Süreya ist falsch geschrieben, denn eines der zwei y in seinem Nachnamen Süreyya verlor er beim Spiel an einen Dichterfreund. Er war ein lustiger Mann, der Humor seiner Lyrik ist berühmt. Er sagte: »Vielleicht ist der Humor bei mir etwas, das aus dem Versuch entstand, Schimpfen und Fluchen zu vermeiden. Denke

ich an meine Kindheit, scheint es mir da so etwas zu geben. Etwas vor der Demütigung retten. Die Sache ins Witzige ziehen.«

Von jener Demütigung in seiner Kindheit weiß man kaum etwas, auch sein folgendes Gedicht ist wenig bekannt:

In einem Güterwaggon schlug ich die Augen auf
Sie hatten uns auf einen Lkw gepfercht
Unter Aufsicht zweier Männer mit Gewehren
Dann steckten sie uns mit den beiden Soldaten in den Güter-
*   waggon*
Nach tagelanger Fahrt stießen sie uns in ein Dorf
Hunde aus grauer Vorzeit kläfften
Nie werd ich diese Reise vergessen, das Gebell, die Polizisten
Mein empfindliches Gespür nährt sich wohl ein wenig aus
*   jenen Kindheitseindrücken*
Mutter starb im Exil, auch Vater starb im Exil

Süreya ist eines der Opfer der Massaker an den Kurden aus der Region Dersim und ihrer Vertreibung 1937/38. Die Fotos des Bärtigen und der Pilotin stammen von eben diesem Massaker. Bei dem Bärtigen handelt es sich um den alevitischen Kurden Seyit Rıza, den Anführer des Dersim-Aufstands. Zur Bombardierung der rebellischen Bevölkerung von Dersim wählte man Sabiha Gökçen aus, die Adoptivtochter Atatürks, ihr Gesicht ist auf dem anderen Foto zu sehen. Von dem Massaker, das bis zu 90 000 Menschen das Leben kostete, blieben der Sabiha-Gökçen-Flugplatz auf der anatolischen Seite Istanbuls und die letzten Worte Seyit Rızas, dessen Grab bis heute unbekannt ist, vor seiner Hinrichtung: »Das ist eine Schande, eine Sünde, Unterdrückung!«

Nach der Vertreibung aus Dersim entstanden im Westen der Türkei »ganz zufällig« eine Reihe alevitisch-kurdischer Dörfer. Seyit Rıza führte die Bewegung jener an, die sich weigerten, die von der Republik für ihre Bürger geschneiderte »sunnitisch-türkische Uniform« anzuziehen, es heißt, vor seiner Hinrichtung habe er an die damalige Regierung gerichtet gesagt: »Ich bin gegen eure Lügen nicht angekommen, das ist mein Kummer. Doch ich bin vor euch auch nicht in die Knie gegangen, das soll euer Kummer sein.« Sabiha Gökçen, die aus ihrem Flieger die erste Bombe auf Dersim warf, sagte Jahre später in einem Interview: »Man empfindet kein Mitleid, wenn man lebendige Ziele bombardiert. Man denkt nur daran, anzuvisieren und zu feuern, um seine Pflicht zu erfüllen.«

Seyit Rızas letzte Worte werden noch heute als ein Slogan verwendet, der gegen staatliche Gewalt an das Gewissen appelliert. Nach der Ermordung von Jugendlichen beim Aufstand von Gezi war in den sozialen Medien immer wieder zu lesen: »Das ist eine Schande, eine Sünde, Unterdrückung!«

Nach dem Tod Seyit Rızas und der Niederschlagung des Aufstands wurde Dersims Name in Tunceli geändert, nicht einmal das aber verhinderte, dass noch bis vor kurzem Menschen verhaftet und gefoltert wurden, nur weil in ihren Ausweisen als Geburtsort »Tunceli« steht.

Wenn Sie mit jemandem sprechen, der die Stadt nicht Tunceli, sondern Dersim nennt, dann tut er das sicher nicht aus Respekt für Sabiha Gökçen, sondern für Seyit Rıza. Obwohl praktisch nicht darüber gesprochen wird, ist dieses Thema in der Türkei noch immer sehr lebendig. Kurz vor seiner Ermordung am 19. Januar 2007 publizierte der armenische Journalist Hrant Dink in seiner Zeitung *Agos* einen Artikel, der harsche Reaktionen auslöste. Darin hieß es, Sabiha Gökçen sei eines der Kinder, die während der Deportation der Armenier gerettet wurden. Manche meinen, dieser Artikel sei einer der Gründe für Hrants Ermordung gewesen. Ein Kind, das als Überlebende eines Massakers aufwächst, wird zur Bombenwerferin bei einem anderen Massaker ... Diese historische Tragödie ist kaum fassbar und deshalb so schwer zu glauben.

6. Ein Dorfjunge spielt Mandoline

In der Türkei weint man nicht mehr so leicht über schlimme, traurige, schreckliche Dinge. Vielleicht sind wir an diesen Gemütszustand schon so gewöhnt, dass jeder in der Lage ist, sein Gesicht und seine Psyche unter Kontrolle zu halten. Schöne Dinge lösen viel leichter Melancholie aus. Zum Beispiel dieses Foto von 1940, das einen Dorfjungen zeigt, der Mandoline spielt.

1940 bauten schmächtige, kahlköpfige Bauernkinder mit ihren kleinen Körpern eigenhändig ihre Schulen auf, pflanzten Bäume, spielten Mandoline und schufen ein Wunder, das nur von kurzer Dauer sein sollte. Verantwortlich dafür war Erziehungsminister Hasan Âli Yücel, der die Weltklassiker ins

Türkische übersetzen ließ. Wer war dieser stets hektisch um-
hereilende Mann?

Kaum da, ist er schon wieder fort
Stets ist er in Eile

So schildert ihn in einem Gedicht über den Vater sein Sohn
Can Yücel, einer der wortgewaltigsten Dichter türkischer Sprache. Hasan Âli Yücel war Begründer der Dorfinstitute, an deren
Verlust man sich mit Bedauern erinnern muss. Nur acht Jahre
wirkten die Dorfinstitute. Ihr Ziel war es, arme kluge Dorfkin-
der auf bestmögliche Weise zu Dorflehrern auszubilden, ohne
sie aus ihrer Kultur herauszureißen. Wieder ging es um Politik.
Manchen Historikern zufolge machte der Ausbruch des Kalten
Kriegs es unmöglich, Schulen weiter zu betreiben, die »Menschen mit kommunistischer Seele« heranzogen. 1947 wurde
die Koedukation in den Dorfinstituten abgeschafft. Im selben

Jahr wurden mit einem Rundschreiben die Übersetzungen der Weltklassiker konfisziert und verbrannt! Und 1948 wurden die Institute in klassische Schulen umgewandelt und ihrer Funktion enthoben. 1954 wurden sie dann unter der Regierung der Demokratischen Partei vollständig geschlossen. In der kurzen Zeit, in der sie ihre eigentliche Funktion ausüben konnten, schenkten die Dorfinstitute der Türkei eine ganze Generation – ein kleines Wunder der türkischen Geschichte.

Warum nun gerade der Mandolinenspieler, wo doch die Schüler der Dorfinstitute auch Geige, Klavier, Trompete oder Akkordeon spielen lernten? Das entbehrt nicht der Ironie. Trotz der Schließung der Dorfinstitute bewahrte die Mandoline ihren Platz in der Grundschulbildung der Türkei. Singende, Mandoline spielende Kinder gehörten zu den unveränderlichen Bildern der Feierlichkeiten zum Tag der Nationalen Souveränität und des Kindes am 23. April. Bis zum Militärputsch von 1980. Der Putsch verschloss den singenden Kindern den Mund mit Flöten, und seither sind die Kinder in den Grundschulen der Türkei zu diesen Plastikflöten verdammt. Die Kinder, die Mandoline spielend und lauthals singend

82

durch die Straßen zogen, gab es in meiner Generation plötzlich nicht mehr. Der Putsch steckte uns Tröten in den Mund, und seit Jahren wird dieselbe Pfeife geblasen. Die Mandolinen verschwanden auf Nimmerwiedersehen.

7. Fettarmes Milchpulver, Hochzeitsfotos à la Hollywood und das »japanisch-chinesische Dings«

Dies nächsten beiden Fotos, die auf den ersten Blick gar nichts im Fotoalbum des Herrn Türkei zu suchen haben, erzählen von dem Wandel, den die Türkei 1950 bis 60 durchmachte, und sind eng miteinander verknüpft. Die ganze Geschichte entsprang einer Metalldose mit fettarmem Milchpulver, auf der in fehlerhaftem Türkisch stand: »Geschenk der Bevölkerung der Vereinigten Staaten von Amerika an die türkische Nation«.

Kinder sitzen in Schulbänken und trinken freudestrahlend mit Wasser angerührtes Milchpulver aus Kupferbechern, sie gehören zur zweiten Generation der Republik. Ihre Freude

rührt daher, Kinder eines Landes zu sein, das aufgrund der politischen Tricksereien von Premierminister Adnan Menderes Nutznießer des amerikanischen Marshallplans geworden ist, der eigentlich Ländern helfen sollte, deren Wirtschaft nach dem Zweiten Weltkrieg am Boden lag. Aber die Türkei war gar nicht am Krieg beteiligt gewesen.

Das Milchpulver musste sie teuer bezahlen, wie das fünfundzwanzig Jahre später an einer heute vergessenen Stelle in Ankara errichtete »japanisch-chinesische Dings« zeigt: das Denkmal für die in Korea Gefallenen! Das Geschenk Südkoreas für die Soldaten, die die Türkei im Koreakrieg verloren hatte! Der Koreakrieg, von dem in der Türkei, die sich ihrer militärischen Seite, ihrer Heldenhaftigkeit doch so gern rühmt, kaum die Rede ist, war der Preis für die berühmte Marshall-Hilfe. Von diesem dreijährigen Krieg, an dem die Türkei als NATO-Mitglied teilnahm, von den Soldaten, die mit Vietnam-Syndrom als depressive Alkoholiker heimkehrten, wurde praktisch nicht gesprochen. Niemand wollte die Heldengeschichten der Soldaten hören, die im Krieg eines anderen verwundet worden waren. Denn in jenen Tagen wurden mit den Mar-

shall-Hilfsgeldern anstelle der Eisenbahn nun Autobahnen gebaut. Während alle Winkel der Türkei von diesen Autobahnen geschwind miteinander verknüpft wurden, gelangten auf diesem Weg Hollywood-Filme in die Städte Anatoliens, und die erste Generation der Republik strömte in die neu gebauten Kinosäle. Niemand hatte Zeit, den Koreaveteranen zuzuhören, denn gleich begann der Film! Damals wurde es Mode, dass Hochzeitspaare sich als Lauren Bacall und Humphrey Bogart verkleidet fotografieren ließen. Jeder sah nun ein wenig wie die jungen Damen und Gentlemen in den Filmen aus. Die Autobahnen, die Hollywood nach Anatolien brachten, ermöglichten umgekehrt auch die erste Welle der Binnenmigration aus den Provinzen nach Istanbul und Ankara.

Die Türkei, die sich im Kalten Krieg klar zu den USA bekannte, entfernte sich von dem Ziel, ökonomisch und sozial »vollkommene Unabhängigkeit« zu erlangen. In Eskişehir beispielsweise wurde eine Flugzeugfabrik unmittelbar vor Produktionsbeginn aufgegeben, stattdessen importierte man nun aus den USA. Die regierende Demokratische Partei, die mit der Forderung nach Freiheit gegen die repressive Politik der Einparteienherrschaft angetreten war, errichtete bald ihr eigenes autoritäres Regime. Nun waren »die Massen« an der Macht. Der Gebetsruf, der seit Republikgründung Türkisch geworden war, erklang ab 1950 wieder auf Arabisch. »Die Massen« erhielten Gott sei Dank ihre Religion zurück.

Dieselben Massen interessierten sich nicht dafür, dass Premier Menderes, selbst Großgrundbesitzer, das Gesetz zur Landverteilung an die Bauern von der Tagesordnung gestrichen und auf Wunsch der USA den Eisenbahnbau eingestellt hatte. Den großen Wandel der Türkei in den fünfziger Jahren beschrieb der Romancier Kemal Tahir so: »Stets dominierten die Intellektuellen, die Gebildeten der Nation das Volk – dann kamen die fünfziger Jahre.«

Es gab da eine Nacht, aus der die besonders gut versteckten Bilder des Albums stammen, eine Nacht im Jahr 1955.

Aufgehetzt von der regierungsnahen Presse, wurden in der Nacht vom 6. auf den 7. September Häuser und Geschäfte von Nichtmuslimen geplündert. Welche Tragikomödie, dass für diese von der Regierung angezettelte nächtliche Plünderung »die Kommunisten« verantwortlich gemacht und am nächsten Tag Hunderte Menschen linker Gesinnung verhaftet wurden.

»Die Intellektuellen, die Gebildeten der Nation« sollten noch rund zehn Jahre brauchen, um darauf zu reagieren.

8. 555K und die linke Faust

Im Mai 1960 stand ein verschlüsselter Schriftzug auf den Mauern von Ankara: 555K. Was bedeutet das? Das wussten nur die jungen Leute, die ihren Zorn im Stillen organisierten. Am 5. 5. um 5 Uhr skandierten im Stadtteil Kızılay nun die jungen »Intellektuellen und Gebildeten der Nation« gegen den mit »Freiheitsversprechen« angetretenen Premier Adnan Menderes: »Wir wollen Freiheit!«

Als Menderes die Jugendorganisation seiner Partei auf denselben Platz brachte, war dort erstmals ein Marsch aus osmanischer Zeit mit verändertem Wortlaut zu hören: »Das kann doch so nicht gehen / Bruder kann doch nicht auf Bruder schießen / Ihr verdammten Diktatoren / Euch soll nicht die Welt gehören.«

Nur 22 Tage, nachdem die Intellektuellen und jungen Leute ihre Kampagne gestartet hatten, griffen am 27. Mai 1960 junge Offiziere nach der Macht. Es gibt ein Foto aus Ankara vom 5.5.1960 um 5 Uhr, das zwei erhobene linke Fäuste zeigt. Dabei spielte in dieser Protestbewegung linke Ideologie noch keine große Rolle, man bezog sich vor allem auf den Befreiungskampf.

Die Nationalen Kräfte schwangen sich wie damals unter der Führung der »Intellektuellen der Nation« erneut zur Befreiung des Landes von imperialistischen Kräften auf, so zumindest die Vorstellung vieler Menschen. Noch waren Atatürk und der Befreiungskampf die wichtigsten Referenzen. Aber dann waren da diese beiden linken Fäuste – die Türkei machte Bekannt-

schaft mit der sozialistischen Ideologie, mit dem Marxismus. Zugleich war das die Zeit, da der »gebildete Intellektuelle« seinen Heiligenschein in der Türkei verlor. Plötzlich hieß es: »Wer viel denkt, dem fliegen auch viele dumme Ideen zu.«

9. Hände, Fäuste und ein nicht enden wollendes Händeschütteln

Am 3. Juni 1963 ging in Moskau ein Mann von seiner Wohnung im zweiten Stock die Treppe hinunter und streckte am Zeitungskiosk die Hand aus, um die Tageszeitung zu kaufen. Kaum hatte er die Zeitung ergriffen, senkte sich die Hand, und der Mann brach zusammen. Nazım Hikmet, der große Dichter, der aufgrund seiner Dichtung zwölf Jahre im Gefängnis gesessen hatte, der seine letzten Lebensjahre im Exil verbrachte und mit dem Entzug der türkischen Staatsangehörigkeit bestraft wurde, starb mit einer Geste, die seinem Leben alle Ehre machte.

An seinem Todestag – genau wie an den Tagen davor und danach – kopierte sicher in einem Dorf irgendwo in Anatolien ein junger Lehrer, der Jahre zuvor im Lehrerinstitut durch die Lektüre der Weltklassiker, die Hasan Ali Yücel übersetzen ließ, von der Kraft der Literatur erfahren hatte, Nazım Hikmets verbotene Lyrik per Hand. Solche Hände gab es viele. Junge Männer, die in Anzug und Krawatte zur Universität gingen, junge Frauen im Kostüm, wissenschaftliche Hilfskräfte an den Universitäten ohne einen Pfennig Geld, junge Anwälte, Frischverliebte … Die ersten von der Republik erzogenen jungen Leute verließen sich auf die Meinungs- und Versammlungsfreiheit, die das Grundgesetz von 1961 garantierte, und nahmen den ersten Artikel der neuen Verfassung ernst: »Die türkische Nation … nimmt diese von der verfassunggebenden Versammlung der Republik Türkei entworfene Verfassung an, verkündet sie und vertraut sie in der Überzeugung, dass ihre eigentliche Garantie im Herzen und in der Seele der Bürger verankert liegt, der wachen Aufmerksamkeit ihrer der Freiheit, Gerechtigkeit und Tugend ergebenen Söhne und Töchter an.«

Also fragten die patriotischen, wachsamen Söhne und Töchter: Wie kann ein Land wahrhaft unabhängig sein, wenn die Ökonomie vom Ausland abhängig ist, wenn Arbeiter und landlose Bauern unter menschenwürdigen Umständen leben?

Allzu stark schien ihnen die Hand von den amerikanischen Milchpulverdosen zuzupacken. Landlose Bauern forderten Land, Metallarbeiter ihre Rechte, Studenten den sofortigen Abzug jener Soldaten aus türkischen Hoheitsgewässern, die sich, mit dem Blut von Vietnam an den Händen, 1968 Izmir näherten. Ende der sechziger Jahre wurden Nazım Hikmets Gedichte endlich gedruckt und gelesen, 1965 wurde Haldun Taners Stück *Ich schließe meine Augen und erfülle meine Pflicht* uraufgeführt. In einer Szene darin brüllt der Chor: »Wer viel denkt, dem fliegen auch viele dumme Ideen zu.«

Köpfe, die »viel dachten«, wurden zu politischen Akteuren, und so erhob sich auch die Hand eines Dichters wieder, der an einem Morgen in Moskau gestürzt war. Die sechziger Jahre in Europa waren so poetisch, dass sie als Mythos im Gedächtnis geblieben sind, das galt auch für die Türkei. Nun gab es ein Morgen, das hell strahlte ... Bis jener groß gewachsene, gut aussehende junge Mann zwischen zwei Polizisten erschien.

10. Tarzan, Philosophie und das »Buch mit drei Löchern«

Jahre, bevor Johnny Weismüller sich als Tarzan brüllend von Baum zu Baum schwang, lebte in den Wäldern von Manisa im Westen der Türkei ein nur mit Shorts bekleideter Mann. Er sprach mit niemandem, nahm aber an allen offiziellen Zeremonien der Stadt teil, dabei trug er seine Auszeichnung aus dem Befreiungskrieg auf einem Palmenblatt, das er sich vor die Brust gehängt hatte.

Zeichnen Filme das Leben nach oder umgekehrt? Nachdem sie *Tarzan* gesehen hatten, nannten die Menschen in Manisa ihn den »Tarzan von Manisa«, für verrückt hielten sie ihn trotzdem. Eigentlich hieß er Ahmet Bedevi und forstete praktisch allein die nach dem Krieg von Bränden fast vollständig vernichteten Wälder von Manisa wieder auf. Noch heute erzählt man sich, wie er barfuß innerhalb nur weniger Minuten die Berge von Manisa erklomm, an seinem Todestag hält man an seinem Denkmal in der Stadt eine Gedenkzeremonie ab. Niemand aber fragt: Was hat der Mann im Krieg erlebt, dass er nicht mehr sprach? Warum musste er ganz allein einen Wald aufforsten, ohne dass ihm jemand half? Hätte man dem dunkelhäutigen Mann ohne *Tarzan* in der Stadt wohl je ein Denkmal errichtet? Doch er war nicht der einzige realistische und starrsinnige Phantast, der dafür sorgte, dass die sechziger Jahre

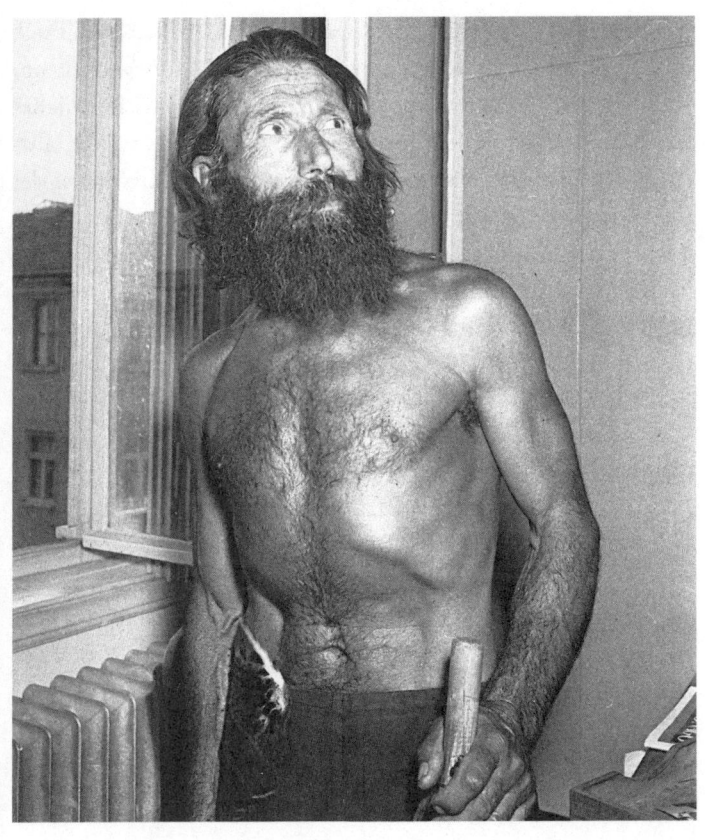

auch in der Türkei poetisch verliefen, vielleicht auch mit Hilfe von Filmen.

Doch dann schloss Tarzan die Augen, und das richtige Leben begann. Die jungen Leute im Land hielten ein Buch mit orangefarbenem Einband in Händen: *Elementare Prinzipien der Philosophie* von Georges Politzer. Das war seit 1966 die Heilige Schrift der lesenden Jugend. Dem Staat war der Aufstieg der Linken unheimlich, aber mit zunehmender Unterdrückung wurden die jungen Leute nur umso sturer. Zu Beginn der siebziger Jahre trugen sie dann ein anderes Buch bei sich: Das Buch mit den drei Löchern! So hieß das Buch in der Türkei, denn der Slogan *Viva La Revolution!* darauf war wegen dreier auf dem Umschlag abgebildeter Einschusslöcher nur halb zu lesen. Beim Buchhändler verlangte man also: »Das Buch mit den drei Löchern!« Die Debatte über die Tiefen des dialektischen Materialismus war bei den jungen Leuten in den Hintergrund gerückt zugunsten der Diskussion darüber, ob der bewaffnete revolutionäre Kampf von den Städten aufs Land oder vom Land in die Städte zu tragen sei. Fünfzig Jahre nach Republikgründung rief der »Intellektuelle und Gebildete der Nation« zum bewaffneten Aufstand auf. Doch dann kam das Memorandum von 1971, und als abschreckendes Beispiel für das ganze Land wurden Deniz Gezmiş – haben Sie sich sein Gesicht gemerkt? – und seine Mitstreiter Hüseyin İnan und Yusuf Aslan gehängt.

Der große, gut aussehende junge Mann zwischen den beiden Polizisten auf dem Foto ist Deniz Gezmiş. Die Republik, die ihre Gebildeten inhaftierte und nicht in Ruhe ließ, richtete zum ersten Mal vor aller Augen und mit Plazet der Parlamentsabgeordneten drei junge Leute hin und stieß damit unwiderruflich das Tor zur Hölle auf. Die Hinrichtung veränderte in den Augen der Bevölkerung das Antlitz des Staates, Jungsein bedeutete von nun an, zu den »üblichen Verdächtigen« zu gehören.

Auch Atatürk erfuhr an diesem Tag einen Wandel. Am letzten Verhandlungstag gegen Deniz Gezmiş vor seiner Hinrichtung sagte der Staatsanwalt: »Sie sprechen nicht von Atatürk, sie beziehen sich auf Mustafa Kemals Bild mit *Kalpak.*« Die Fellmütze *Kalpak* und die Verwendung des Vornamens verweisen auf die revolutionäre Seite Atatürks vor der Staatsgründung. Der Staatsanwalt hatte recht, die hingerichteten jungen Leute nahmen nicht den Namen Atatürk auf, der nach der Staatsgründung zum Symbol des repressiven Regimes und von der Armee vereinnahmt wurde. Genau wie der Staat bezog sich

die linke Bewegung auf den Staatsgründer. Etwa als sie mit
einer gegen die 6. US-Flotte gerichteten Aktion aktiv wurde, in
eben jenem Hafen, in dem im Befreiungskrieg die erste Kugel
gegen die griechischen Besatzungskräfte Izmirs abgefeuert worden war. Genau wie »Mustafa Kemal« nahmen sie den Kampf
in Kauf. Für sie war die Distanz zwischen Che Guevara und
Mustafa Kemal nur gering. Dies ist noch heute ein Moment
der Spaltung und Trennung in der Türkei.

Der große Bruch im kollektiven Bewusstsein der Türkei vollzog sich am 6. Mai 1972 gegen Morgen im Zentralgefängnis
Ulucanlar von Ankara. Einer ihrer Anwälte berichtet, dass eine
Taube aufflog, als die drei im Hof des Gefängnisses hingerichtet wurden. Das Land wartet noch heute auf die Rückkehr dieser Taube.

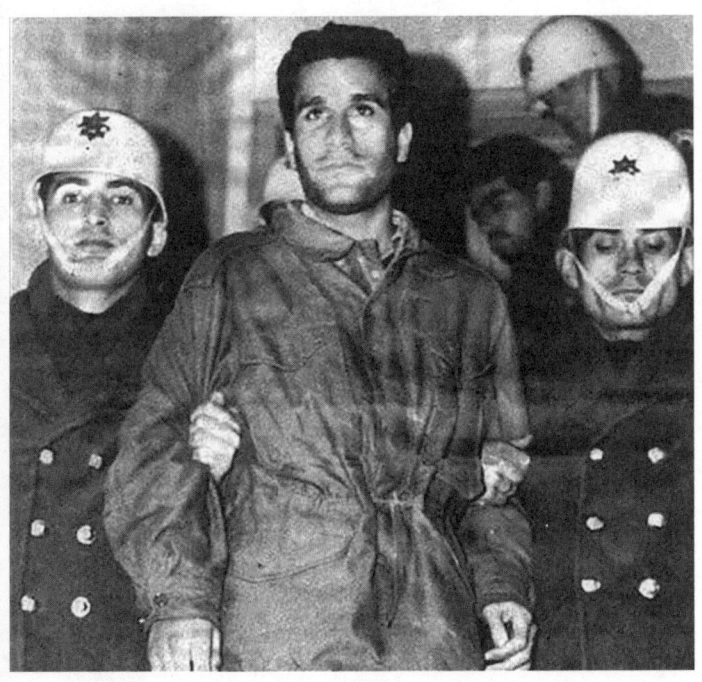

11. Der Kinderchor von Fatsa, die Anstalt für Fleisch und Fisch und ein Attest über das Knochenalter

In einer Kleinstadt am Schwarzen Meer singen Kinder mit vorgerecktem Kinn ein Lied. Fatsa, Mai 1980. Die aus Istanbul geladenen Intellektuellen werden kurz darauf rühmende Texte über das wahrhaft demokratische Leben in Gleichberechtigung und Gerechtigkeit verfassen, das in diesem kleinen Städtchen als Gesellschaft mit geradezu kommunenhaften Zügen errichtet worden war, von der rechten Regierung scharf attackiert. Im Augenblick lauschen sie noch dem Lied, das die Kinder singen:

> *Ich kam auf den Markt, fragte nach Brot*
> *Es hieß, der Preis sei erhöht, ich staunte*
> *Ihre Wampen wachsen, ich blieb klein*
> *Was soll ich nur tun, was tun, wohin soll ich gehen*
> *Hier war es billig, was soll ich jetzt tun*
> *Ich kam auf den Markt, fragte nach dem Volk*
> *Es hieß, es sei im Widerstand, ich jubelte*
> *Arbeiter und Bauern marschieren, ich schau zu*
> *Was soll ich nur tun, was tun, wohin soll ich gehen*
> *Mein Volk ist im Widerstand, da geh auch ich hin*

Devrimci Yol, der »Revolutionäre Weg«, die damals erfolgreichste linke Organisation im Land, schuf mit der ersten Stadt, in der sie die Wahlen gewonnen hatte, eine linke Musterkommune. Zur gleichen Zeit gab es Übergriffe und Massaker an Aleviten in diversen Orten im Land, doch die größte Sorge der Presse galt Fatsa. Die Artikel linker Intellektueller waren dagegen umso enthusiastischer.

Nur wenige Monate, nachdem der Kinderchor gesungen hatte, hieß es vonseiten der Regierung, die Lokalverwaltung von Fatsa, bilde einen »Staat im Staate«, und Polizei und Militär griffen ein. Männer mit Schneemasken steckten die Bevölkerung in das Gebäude der Anstalt für Fleisch und Fisch und misshandelten sie schwer. Selbst Sänger des Kinderchors waren darunter. Das entsetzte aber niemanden sonderlich. Denn seit den Hinrichtungen 1972 wurden ohnehin Tausende verhaftet und gefoltert.

Ende der siebziger Jahre war die politische Polarisierung dermaßen ausgeufert, dass bei Auseinandersetzungen zwischen links und rechts täglich mindestens zwanzig Menschen ums Leben kamen. Alle, selbst Kinder, waren politische Subjekte. Jede größere Stadt war ein Beirut. Die Spaltung verlief zwischen Stadtvierteln, zwischen einzelnen Straßen. Paramilitärische Kommandos, von der Regierung bewaffnet und offen unterstützt, patrouillierten durch die Straßen, linke Aktivisten nahmen jede Waffe, derer sie habhaft werden konnten. In mehreren Provinzen herrschte bereits seit einigen Jahren Kriegsrecht. Politische Anschläge erfolgten nach der Rechnung »einer von rechts, einer von links«, Auge um Auge.

Und schließlich fuhren Panzer in die kleine Stadt am Schwarzen Meer ein. Die »Operation Punkt« im Juli 1980 gab den ersten Hinweis auf den Putsch im September, der das Land in eine Finsternis stürzen sollte, die bis heute zu spüren ist. Der Kinderchor von Fatsa wurde von einem Satz abgelöst, der immer noch gerne aufgesagt wird: »Territorium und Nation der Republik Türkei sind eine untrennbare Einheit … und so weiter und so fort … Heute, da wir nationale Einheit und Gemeinsamkeit nötiger denn je haben … und so weiter und so fort …« Dies sprach am Morgen des 12. September im Staatsfernsehen ein General, den wir dann jahrelang sehen sollten. Verschwand der General, erscholl immer wieder ein und dasselbe Lied:

*Und da steigt er wieder, herrlich, der Grauschimmel des
Anführers
Vor uns liegt der Weg zur Grenze
Trommeln sollen schlagen zur Schlacht im Krieg der Kriege
Vor uns liegt der Feldzug
Mitunter eine Schlacht
Wir ziehen von Schlacht zu Schlacht
Dann kommt der Herbst
Wir lieben den schönen Frühling
Die Liebste mit dem Rosengesicht
Lieben wir auch mit Schwindelei
Ohne Feldzug geht es nicht
Ihr besten aller Männer*

Dieser Janitscharenmarsch aus osmanischer Zeit wurde zur
symbolischen Stimme des Putsches vom 12. September 1980,
was meine Behauptung stützt, das Bild von Sultan Mehmet
dem Eroberer ganz vorn im Fotoalbum sei nach wie vor höchst
aktuell.

Die Lehre aus diesem Marsch, der die Lieder des Kinderchors

von Fatsa ablöste, lautet: Die türkische Armee zieht ins Feld, ohne Feldzug geht es nicht. Und die Schöne – also das Land – liebt sie auch mit Schwindelei! Ein tragikomisches Detail: Es heißt, Hasan Mutlucan, der diesen Marsch sang, sei vor Kummer darüber gestorben, dass seine Stimme mit dem Putsch in Verbindung gebracht wurde, obwohl er selbst links war. Auch er gehört zu den Millionen unglücklicher Menschen, deren gebrochenes Herz in den Statistiken der Menschenrechtsverletzungen von 1980 nicht einmal als Zahl auftaucht.

Eine Person aber gibt es, deren Gesicht wir alle kennen und deren Miene für all die gebrochenen Herzen steht. Ein Junge in einem Jackett, das ihm zu groß ist. Wie alt er wohl sein mag? Seiner Mutter zufolge war er sechzehn, laut Attest aber,

das General Kenan Evren die Forensik auszustellen zwang, war sein »Knochenalter« achtzehn. Erdal Eren, dessen Knochen zwei Jahre älter waren als er selbst, war eins von fünfzig Opfern, die die Putschisten 1980 hinrichten ließen. Durch das Höllentor, das die Hinrichtungen von Deniz Gezmiş, Hüseyin İnan und Yusuf Aslan aufgestoßen hatten, wurden nun auch Kinder geführt. Erdal Eren wurde vorgeworfen, einen Soldaten getötet zu haben, doch der einzige Beweis gegen ihn waren die Anfangsbuchstaben einer illegalen Organisation, die er in seine hölzerne Schulbank geschnitzt hatte. Erdal Eren ist eines der blutigsten Beispiele für das Entsetzen, das der Militärputsch verbreitete. Für ein zweites, äußerst blutiges Beispiel fahren wir in eine andere Stadt. Dort schauen wir uns ein Foto an, das auf den ersten Blick gar nicht blutig wirkt.

12. Der reizende Schäferhund Joe und Türkischunterricht

»*Wer bereut, hat die Sünde praktisch nicht begangen.* Prophet Muhammed«. Das steht auf dem Tor des Gefängnisses, das in Diyarbakır, dem wichtigsten Zentrum der kurdischen Region, errichtet wurde. Der Putsch, beim Blick von außen stets mit Säkularismus identifiziert, ging genau wie Jahre später die AKP-Regierung nicht den Weg der Gleichberechtigung aller Bürger, sondern setzte auf die Glaubensgemeinschaft als neues verbindendes Element für das Land. Das berühmt-berüchtigte, vom Putsch gefüllte Gefängnis von Diyarbakır hatte einen ebenso berühmt-berüchtigten Kommandanten: Esat Oktay Yıldıran. Im Hof brüllte er die kurdischen Gefangenen an: »Hier gibt es Gott nicht! Hier gibt es mich!« Der Schriftzug auf dem bekanntesten Folterwerkzeug, dem Knüppel, lautete: »Gott ist fort, der Prophet hat Urlaub!«

Ein weiterer berüchtigter Bewohner des Gefängnisses war Yıldırans Schäferhund Joe. Die Gefangenen mussten den Hund

mit »Kommandant« anreden, und auch die zu Besuch kommenden Familien hatten bei ihm Meldung zu machen. In diesem Kerker mit seinen furchtbaren Folterkammern wurde die separatistische bewaffnete kurdische Organisation PKK gegründet. Die PKK sollte die achtziger und neunziger Jahre prägen, ihre Gründung verkündete sie mit einer blutigen Aktion 1984 dem ganzen Land. Nun sprachen die Kurden, die in der Folter geschwiegen hatten, doch sie sprachen kein Türkisch. Oben in den Besucherkabinen des Gefängnisses stand der Spruch: »Sprich Türkisch, sprich viel!« Die nur des Kurdischen mächtigen Mütter der Gefangenen konnten ihre Kinder, die sie in den Kabinen in blutigen Hemden sahen, nicht einmal in der eigenen Sprache mit »Mein Kind!« anreden. Der kurdische Schriftsteller Musa Anter wurde sogar unter dem Vorwurf festgenommen, er habe »auf Kurdisch gepfiffen«.

Die Bühne war bereit für die blutigen neunziger Jahre. Aber Moment mal! Sollen wir denn wirklich gar keinen Spaß haben?

13. Zwei schnauzbärtige Männer

Ein beleibter, schwarzbärtiger Mann in Shorts und mit Sonnenbrille, umgeben von Menschen in sommerlicher Kleidung. Als wäre er nicht der von den Putschisten installierte Ministerpräsident, nimmt Premier Turgut Özal in Shorts die Parade der Soldaten ab. Endlich sind wir frei, signalisiert er damit. Jetzt geht es darum, Spaß zu haben!

Die in den fünfziger Jahren einsetzende Migration aus den Dörfern in die Großstädte verbreitete die Arabesk-Musik, eine Mischung aus türkischen Volksliedern, westlicher Popmusik und arabischen Klängen. Die Arabesk-Musiker sangen nicht mehr wie ursprünglich über den zu erduldenden Mangel, sondern riefen nun, wie der Sänger İbrahim Tatlıses, der Schnauzbartträger auf dem zweiten Foto: »Ich will auch!«

Die »Gebildeten und Intellektuellen der Nation« saßen im Gefängnis, Premier Özal ließ die Fahne der freien Marktwirtschaft im ganzen Land flattern, die Grenzen von Moral und Sitte waren aufgehoben. Ein Satz, der zuerst in Karikaturen auftauchte, beherrschte bald das gesamte soziale Leben: »Ich

bin ein ungehobelter Bauer, aber ich hab Geld!« Was der Vor-
gängergeneration noch als Unverschämtheit gegolten hätte,
pries der Premierminister nun öffentlich an. In einem Video-
clip zur Werbung für die zweite Bosporus-Brücke, die er er-
bauen ließ, fährt Özal mit seiner Frau im Mercedes über die
Brücke und sagt: »Leg eine Kassette ein, Semra, wir wollen
fröhlich sein!«

Während die Türkei also Shorts überstreifte, zivil wurde und
fröhlich war, ließen in den Militärgefängnissen Gefangene im
Todesfasten ihr Leben aus Protest dagegen, dass man ihnen
den Schädel rasierte, sie in uniforme Gefängniskluft steckte,
in Einzelhaft sperrte und jeden Morgen die Nationalhymne
singen ließ. Die Schreie aus der Folter gingen aber im Lärm
türkischer Popmusik unter. Die Zeiten änderten sich, und
Worte wie »Vision« und »Mission« etablierten sich dauerhaft
in der türkischen Sprache. Wissenschaft wurde gleichgesetzt
mit Technologie, Fortschritt mit Kapitalwachstum, Freiheit
mit Wahlmöglichkeiten im Privatleben und Glück mit Bauch-
tanz-Musik.

14. Ein weinendes Kind

Im Jahr 1980 tauchte überall in den Wohnungen, in Autos, in Cafés ein Bild auf. Ein weinender kleiner Junge. Das ganze Land schien besessen von diesem Bild. Der Publizist und Verleger Murat Belge versuchte, das Rätsel dieses Gemütszustands zu lüften, als er 1980 schrieb:

>»Wofür steht dieses Bild? Als Erstes kommt einem in den Sinn, es handele sich wohl um ein Waisenkind. In der Türkei werden Waisen stets mit Mitgefühl bedacht, die Waise ist ein Grundtypus der Volkskultur. Doch die türkische Bevölkerung hat sich Kindern gegenüber schuldig gemacht. Die Menschen verhalten sich Kindern gegenüber paradox. Einerseits lieben wir Kinder. Abstrakt lieben die Leute Kinder. Seltsamerweise liebt in dieser Gesellschaft jeder das Kind des anderen. Konkrete Kinderliebe leben wir an den Kindern anderer aus, die Liebe für die eigenen Kinder bleibt abstrakt.
>
>Wenn dieser Junge weint, der vielleicht keine Waise, sondern ein Jedermannskind ist (er sieht mehr wie das Kind von nebenan aus als wie das eigene), werden in den Tiefen des Bewusstseins schlummernde Emotionen geweckt. Dieses Kind holen wir uns ins Haus, um uns von unserer Schuld freizusprechen, ohne dass uns überhaupt jemand beschuldigt hätte, wir wissen nicht, wer dieses Kind ist, das uns sentimentalste Tränen entlockt. Es musste einfach populär werden.«

Beim Übergang von der bürgerkriegsähnlichen Türkei der siebziger Jahre, als täglich Jugendliche auf den Straßen umkamen, zu den Tagen des Putsches, als junge Leute in den Gefängnissen getötet wurden, hatte sich das Bild des Jungen in fast alle

Wohnungen des Landes geschlichen. Die Realität hinter dem Bild war allerdings weniger sentimental. In den siebziger Jahren sammelte ein Imam seine ersten ergebenen Anhänger in Izmir: Fethullah Gülen. In der Zeit vor dem Putsch, als das Land ein einziger Brandherd war, lautete seine Botschaft an seine Anhänger: »Stellt keine Fragen. Lehnt euch nicht auf. Wer viel fragt, macht sich zum Werkzeug des Teufels.«

Er trat für Schweigen ein und gegen Einmischung in die Politik. Seiner Ansicht nach galt es, eine neue Generation heranzuziehen, statt sich dem Sturm der Zeit auszusetzen. Ende der siebziger Jahre wurden in seinen berühmten Sommercamps für Jungen, in denen religiöse Unterweisung und sportliche Ertüchtigung auf dem Programm standen, militante Aktivisten ausgebildet, die unauffällig und willfährig auftraten. Der Putsch, mit dem Religion als Pflichtfach eingeführt wurde, und die religiösen Bezüge in den Reden von General Kenan Evren gefielen der Gemeinde. Gülen veröffentlichte in *Sızıntı* (Infiltrat), dem Sprachrohr seiner Gemeinde, Lobeshymnen auf »die Paschas«, die Putschgeneräle: »Wäre das Militär nicht genau zum rechten Zeitpunkt eingeschritten, wäre uns als Nation nichts anderes übrig geblieben, als gebrochen zu weinen!«

Unser weinender Junge zierte das Titelblatt der Erstausgabe der Zeitschrift *Sızıntı*. Im Editorial hieß es, die kommende Generation müsse »gerettet« werden. Eine neue »goldene Generation« werde heranwachsen, eine gebildete Generation, fromm und mit missionarischen Eigenschaften. In der Folge wurde diese Gemeinschaft oder »Bewegung«, wie sie sich selbst nennt, die vom Putschregime von 1980 und allen folgenden rechten Regierungen unterstützt wurde, zu einer heute supranationalen ökonomischen, sozialen und politischen Macht. Die »goldene Generation« besetzte Schlüsselfunktionen in Politik, Wirtschaft und Kultur der Türkei und knüpfte zahlreiche internationale Verbindungen, sie ermöglichte es der heutigen AKP-Regierung, sich an der Macht zu halten. Bis heute werden die finanziellen Strukturen der Fethullah-Gülen-Bewegung nicht kontrolliert.

Aus dem weinenden Jungen ist ein Mann in mittleren Jahren geworden, der mit strenger Miene durch die Korridore der Macht schreitet.

15. Gebetsteppiche aus Kunststoff und Mekap-Turnschuhe

Anfang der neunziger Jahre interviewte ich die »anatolischen Tiger«, mittelständische und kleingewerbliche Unternehmer in Zentralanatolien, die den Wirtschaftsaufschwung vorangebracht haben. In der Türkei herrschte das übliche Chaos, ihre Mienen aber spiegelten Seelenfrieden, und ihr Blick war auf eine garantiert lichte Zukunft gerichtet. Nach dem Besuch Dutzender Büros stellte ich fest, dass überall in teuren Bücherschränken die Enzyklopädie *Ana Britannica* stand und obenauf Gebetsteppiche aus Kunststoff lagen. Die billigsten! Miesesten! Warum lagen diese Teppiche, die die elegante Einrichtung und Atmosphäre der Büros störten, da oben auf den Bücherschränken? Nachdem ich allen dieselbe Frage gestellt hatte und mit höhnischem Grinsen abgespeist worden war, bekam ich endlich eine Antwort: »Wenn dieser Gebetsteppich da oben fehlt, macht niemand in diesem Land Geschäfte mit Ihnen!« Später stellten Politologen und Soziologen die Diagnose: »Wer sich außerhalb der Gemeinde befand, konnte ökonomisch in der Türkei nicht mehr überleben.« Das war bereits Anfang der neunziger Jahre für jeden ersichtlich, der durch Anatolien reiste. Es reichte nicht, gläubig zu sein, es musste für jedermann sichtbar sein. Eine völlige neue Entwicklung nahm ihren Lauf: Die Moscheen sorgten dafür, dass ihre Gemeinden »überschwappten«. Und zwar wortwörtlich, denn Passanten kamen kaum noch durch.

Die Religiösen wuchsen auf eine Menge an, die die Moscheen nicht mehr fassen konnten, sie wurden zu einer politischen und ökonomischen Macht, und der Konflikt zwischen laizistischen und islamischkonservativen Kräften war so groß, dass er alle anderen Konflikte in den Schatten stellte. Dabei hörten diese anderen Konflikte keinesfalls auf zu existieren.

Wenn man beim Abendessen saß und den Fernseher einschaltete, um Nachrichten zu schauen, sah man stets Tote auf dem Boden liegen. Sie trugen Pumphosen und schmutzig gelbe Turnschuhe. Da wusste man sofort, das sind »Terroristen«! Nachdem man sie in ihren »Löchern« in die Ecke gedrängt hatte, bekam man sie »tot« zu fassen! Da sie in Löchern lebten und man sie stets tot zu fassen bekam, handelte es sich nicht um Menschen. Deshalb konnte man auch in aller Ruhe weiteressen.

Meine Generation wuchs damit auf, bei solchen Bildern zu Abend zu essen. Denn die Kurden wurden stets »tot gefasst«, weil ihre politische Bewegung es »auf die Einheit und Gemeinsamkeit unseres Staates abgesehen« hatte. Keiner von ihnen hatte Namen oder Gesicht, doch sie alle trugen Gummiturnschuhe der Marke Mekap. Ihre Namen, die für die Kurden Namen von Helden waren, kannten wir im Westen der Türkei gar nicht. Genau wie die Zahl der anatolischen Tiger, die in ihren Häusern das Foto des weinenden Kindes aufgehängt hatten und einander Gebetsteppiche aus Kunststoff zeigten, wuchs auch ihre Zahl im Laufe der neunziger Jahre, wuchs und wuchs.

16. Eine rote Nelke, Kreide, Felsen, ein Kieselstein, ein Mercedes und eine Trillerpfeife

Rote Nelken mag ich gar nicht. Es gibt kaum jemanden in der Türkei, der sie mag. In den Neunzigern aber waren rote Nelken die wohl meistverkauften Blumen in der Türkei. Denn bei den Beerdigungen der Opfer politischer Anschläge steckte man sich rote Nelken an. Damals wurden Journalisten, Wissenschaftler, gesellschaftliche Symbolfiguren, die für den Laizismus eintraten, ermordet, und 37 Intellektuelle, die zu einem Festival in Sivas zusammengekommen waren, in einem Hotel von religiösen Fanatikern bei lebendigem Leibe verbrannt. Der populärste Slogan der Menge, die hinter den Särgen der Toten ging, lautete damals: »Mullahs in den Iran!« Doch die »Mullahs« gingen nicht in den Iran, vielmehr wurden sie zu bestimmenden und immer wichtigeren Figuren in der Politik.

Jene, die sich das Bild des weinenden Kindes auf die Fahnen hefteten, waren damals wohl ausschließlich mit der »religiösen Erziehung« ihrer eigenen Kinder beschäftigt. Denn die Geschichte von den sechzehn Kindern aus Manisa kümmerte sie nicht. Die sechzehn Kinder wurden festgenommen und schwer misshandelt, weil sie »Bildung zum Nulltarif« an eine Mauer geschrieben hatten. Als man sie ins Gefängnis brachte, rief eine der Mütter: »Nehmt sie nicht mit! Sie sind doch noch so klein!«

Während sich das Leben dieser Kinder aufgrund eines Stücks Kreide verdunkelte, benahm die Vorsitzende der rechten Regierungspartei, die hübsche Dame Tansu Çiller, sich »wie ein Mann« und rief: »Bei uns gibt man Leben her, aber nicht einen Kieselstein!« Wie einst Thatcher sich plötzlich der Falkland-Inseln angenommen hatte, klammerte sich diese Dame bei all den politischen Wirren im Land mit Macht an einen Felsen in der Ägäis. Wie Thatcher zürnte sie den Soldaten und fand sie »nicht mutig genug«. Journalisten schlossen sich dem Wahn an, fuhren mit Schlauchbooten auf die 400 m² große Felseninsel und pflanzten die türkische Fahne auf, so wurde von den Ereignissen im Südosten der Türkei abgelenkt.

Während heroische nationalistische Reden geschwungen wurden und Religion eine immer größere Rolle in der Politik spielte, kamen in kleinen Grüppchen die Gefangenen frei, die infolge des Putsches inhaftiert worden waren. Die Helden der Siebziger kamen nun in eine völlig veränderte Türkei, die sie nur noch als Verlierertypen wahrnahm. Ihrer eigenen traurigen Musik lauschend, zogen sie sich in ihre Winkel zurück.

Es überrascht wohl kaum, dass die Feiern, mit denen man Rekruten zum Militärdienst verabschiedet, in diesen Jahren erstmals in hysterische, geradezu religiöse Zeremonien ausarteten. Das Land machte mobil gegen »die separatistischen Kurden«. Von »Krieg« zu reden, war verboten, es handelte sich um einen »Konflikt von niedriger Intensität«! Die Abkürzung PKK wie die Kurden als »PeKeKe« auszusprechen, war gefährlich! Überhaupt konnte es einen das Leben kosten, Kurdisch zu sprechen oder zu singen. Selbst wenn Blumen zufällig grün, rot, gelb erblühten, in den Farben der Kurden, war das ein ernsthaftes Problem.

Es wurde Schweigen verordnet. Dabei kehrten fast alle jungen Männer vom obligatorischen Wehrdienst »etwas sonderbar« heim, machten sie aber den Mund auf, wurde ihnen sehr deutlich zu verstehen gegeben, dass »in der Türkei kein Krieg« herrsche. Das »Vietnam-Syndrom« und seine gravierenden gesellschaftlichen Folgen blieben damals wie heute ohne Aufmerksamkeit. Auch die ersten jener Frauenmorde, die heute die Türkei erschüttern, wurden in jenen Jahren verübt.

Doch es gab noch eine andere Türkei. In ihr geht es vor allem um die Liebe! Alle redeten von der »Explosion der Popmusik«. Die »Spaßgesellschaft« oder auch das »Zeitalter der Gleichgültigkeit«, deren Fundamente in den achtziger Jahren gelegt wurden, ergriff die Türkei in den Neunzigern mit aller Macht und Pracht. Auf den Privatsendern liefen in Dauerschleife Spaßsendungen, und die Moral des Landes, nach der es bis dahin als schändlich gegolten hatte, satt zu sein, wenn andere hungern, änderte sich von Grund auf. Sich mit Wenigem bescheiden, teilen, sich zufriedengeben, sparen, solidarisch sein geriet völlig aus der Mode und wurde durch entgegengesetzte Werte ersetzt. Der Reklamesong für einen Streichkäse dudelt wie das Motto dieser Geisteshaltung im Fernsehen: »Streich reichlich auf! Iss reichlich davon!«

In jenen Tagen, am 28. Februar 1997, ratterten im Kreis Sincan in der Provinz Ankara Panzer über den Asphalt. Der Grund war offensichtlich: Die islamistisch-konservative Regierung, die offenbar dabei war, den Laizismus über Bord zu werfen, sollte abtreten. Am 28. Februar schuf die Armee alle Gegebenheiten für einen Putsch, ohne tatsächlich zu putschen, was als »postmoderner Putsch« in die Geschichte eingehen sollte. Die Situation stellte sich folgendermaßen dar:

– Eines Nachts prallte ein Mercedes gegen einen Lkw. Bei diesem Verkehrsunfall, dem Susurluk-Unfall, flog die unhei-

lige Allianz aus Staat-Mafia-Politik auf, die Bevölkerung rief nach Aufklärung. Allabendlich um 21 Uhr beteiligten sich viele Menschen an der Licht-an-Licht-aus-Protestaktion, der regierende Premierminister Necmettin Erbakan von der RP, *Refak Partisi*, der islamistischen Wohlfahrtspartei bespöttelte sie. Dabei unterlief ihm der große Fehler zu ignorieren, dass auch in den Armee-Unterkünften die Lichter an- und ausgingen.

– Erstmals tauchten Mitglieder der Aczimendi-Sekte öffentlich auf. Mit ihren Derwischstäben und Turbanen waren sie zunächst auf den Straßen zu sehen, dann rasch auch im Fernsehen, wie sie nach der Scharia riefen.

– Premierminister Erbakan gab ein Bankett für Ordensführer und Scheichs. Und das in der Residenz des Ministerpräsidenten, einem der Symbole der laizistischen Republik. Am Tag darauf prangten die religiösen Führer, Männer mit Positionen und Titeln, die laut der türkischen Verfassung verboten sind, auf den Titelseiten der Presse. Stets hatten die höchsten politischen Kader in der Türkei mit Führern religiöser Gemeinschaften heimlich kooperiert. Doch sie mitten in der Hauptstadt zu hofieren? Das war ein Skandal.

– Im Januar 1997 thematisierten Offiziere höchsten Ranges auf einer Sitzung den »religiösen Reaktionismus« und machten ihn als größte Gefahr aus.

– Ende Januar wurde ein Theaterstück, von der Kommune des Kreises Sincan/Ankara ungeschickterweise zur Aufführung gebracht, zum Auslöser der Ereignisse. Das aberwitzige Stück propagierte den Dschihad, unter den Gästen im Publikum befand sich auch der iranische Botschafter. So machten sich also am 28. Februar im Kreis Sincan in der Provinz Ankara Panzer auf den Weg.

Am 28. Februar 1997 veränderte sich das gesellschaftliche und politische Kräfteverhältnis schlagartig. Die Protagonisten des politischen Islam wurden gezwungen, sich von der gesellschaftlichen Bühne zurückzuziehen. Es gab Verhaftungen und Prozesse. Als sichtbarster Ausdruck der sozialen und politischen Spannungen wurde Studentinnen mit Kopftuch der Zutritt zu den Universitäten verwehrt. Ein Prozess wurde angestrengt, um die regierende Wohlfahrtspartei zu verbieten. Premier Erbakan trat zurück. Rechtskonservative Parteien bildeten mit den Sozialdemokraten eine Koalitionsregierung.

Damals ahnte niemand, dass die Repression gegen den politischen Islam zum Nährboden für den unerbittlichen Groll einer Jahre später zutage tretenden Vergeltungspolitik werden würde. Mit dafür verantwortlich sollte ein großer, eifriger junger islamistischer Politiker sein, der einstweilen vor begeisterten Zuhörern in einer Provinzstadt ein Gedicht rezitierte.

17. BB-Edi – Versace-Islam – die türkische Fahne

Edi dürfte der einzige Christ sein, den Hunderttausende in der Türkei ganz unverhohlen lieben. Er war der erste Gewinner von *Jemand beobachtet dich*, wie die *Big Brother*-Variante in der Türkei hieß. Ein großer Mann, Fan vom Fußballclub Fenerbahçe und streitlustig. Fraglos war er die 2001 am meisten diskutierte Figur. Denn wir hatten nun alle das Privatleben der anderen im Visier. Zwischen Live-Krieg und Live-Reality Show zappten wir hin und her. Während *Jemand beobachtet dich* lief, wurde ein ebenso großer, mindestens genauso streitlustiger Mann, auch Fenerbahçe-Fan, aus dem Gefängnis entlassen. Er hatte zehn Monate Haft abgesessen wegen eines Gedichts, das er vor der Menge in einer Provinzstadt rezitiert hatte, und war mittlerweile zu einem politischen Helden mutiert. Über die Glühbirne, die er zum Emblem seiner Partei wählte, wurde

gespottet, niemand räumte ihm Chancen bei den Wahlen ein. Denn noch war der Name Recep Tayyip Erdoğan nicht bekannt genug. Dabei sollte er sich Jahre später, als Edi, den wir nächtelang beobachtet hatten, längst Geschichte war, mit Plakaten in die Geschichte einschreiben, auf denen steht: »Ziel 2023«.

Ministerpräsident Recep Tayyip Erdoğan, »der Lange«, »der Führer«, »der Boss«, ist ein Repräsentant der anatolischen Tiger, die Jahre zuvor mit billigen Gebetsteppichen ihren Siegeszug antraten. Er schäumte über vor Ehrgeiz. Er sprach von Demokratie, er räumte auf mit den Ressentiments gegen Kurden und Aleviten, und vor allem versprach er, den Einfluss der Armee auf die Politik zu unterbinden. Der Diskurs über einen »gemäßigten Islam« störte ihn, »Islam kann es nicht gemäßigt geben«, sagte er. Der Wirtschaftsaufschwung, nachdem er Ministerpräsident geworden war, war dermaßen blendend und seine Worte zur Demokratie so süß, dass niemand mehr an jenes Gedicht dachte, wegen dem er im Gefängnis gesessen hatte. Dabei macht das Gedicht deutlich, was Jahre später zu erwarten war:

Die Minarette Bajonette, die Kuppeln Helme
Die Moscheen unsere Kaserne, die Gläubigen Soldaten
Diese göttliche Armee schützt meine Religion
Allahu Ekber, Allah ist groß

Besorgt zeigten sich laizistische Kreise, Leute aus der Mittel-schicht, darunter viele Frauen, einige Journalisten und Nicht-regierungsorganisationen. In den Großstädten griffen sie nach der Fahne und stürmten auf die Plätze. Doch diesen »Repu-blikmeetings« haftete etwas Altmodisches an, man unterstellte ihnen, die Armee zu unterstützen und nach dem Eingreifen des Militärs zu rufen.

Und damit sind wir schon fast im Heute angekommen. In-zwischen werden die Organisatoren dieser Meetings in poli-tischen Prozessen mit Hunderten Angeklagten verurteilt und in extra für sie gebaute Riesengefängnisse gesteckt.

In den vergangenen zehn Jahren hat die AKP-Regierung un-ter Recep Tayyip Erdoğan eine so starke politische wie auch gesellschaftliche Hegemonie geschaffen, dass jeder Opposition die Basis fehlt. Ungeheure Korruptionsskandale, Massentod von Bergleuten, Bilder der Scham in der internationalen Poli-tik, alles, wirklich alles wird zugunsten der Macht gewendet. Die Leute auf der Straße, die Krämer, die Händler, alle sind überzeugt davon, dass ihr Telefon abgehört wird. Kapital wech-selt die Hände, und die anatolischen Tiger beziehen Villen mit Bosporus-Blick in Istanbul, unterdessen beginnt der Bau eines Palastes für Erdoğan auf dem Atatürk-Waldgut in Ankara. Die islamistischen Kreise genießen ihren sozialen und politischen Sieg mit Kopftüchern von Versace und Luxusautos allerneu-esten Modells. Ein Geschäftsmann, Unterstützer der AKP, er-klärt den Journalisten erfreut: »Solche Schuhe standen früher nicht vor den Moscheen. Jetzt sehe ich da Gucci und Armani. Das freut mich.«

So marschieren die AKP und Recep Tayyip Erdoğan auf die Einmannherrschaft zu, da fällt ihm eines Tages ein, für die Neugestaltung des Istanbuler Taksimplatzes drei Bäume fällen zu lassen. Und wieder einmal schlägt die Geschichte unerwartet Purzelbaum, und das ganze Land steht wegen dieser drei Bäume auf.

Da wir nun am Ende des Fotoalbums angelangt sind, ist es an der Zeit, Herrn Türkei an sein Versprechen zu erinnern. Er wollte uns doch noch erzählen, wie er all diese tiefen Krisen der Türkei auf einen Schlag mit einem kleinen Versöhnungsspielchen bewältigt habe. Daran erinnert, zieht Herr Türkei sogleich ein neues Foto aus dem Stapel des unsortierten Haufens. Zwei Kinder mit rasierten Köpfen. Wer sind die?

Sie sitzen auf der grünen Insel in einem Kreisverkehr. Die beiden sind fünf, vielleicht auch sechs Jahre alt. Ihren Proviant haben sie auf dem Rasen ausgebreitet. Ein besonderes Picknick. Auf dem Boden ein Stück Kuchen, darauf eine kleine Kerze, daneben eine Streichholzschachtel, sie feiern Geburtstag. Ayvaz feiert seinen Geburtstag mit seinem Freund. Sie hocken vor dem Stück Kuchen, das Ayvaz für eine Lira erstanden hat, wie vor einem Wunder. Doch es ist windig, die Streichhölzer sind rasch verbraucht, es will einfach nicht gelingen, die Kerze anzuzünden. So müssen sie auch auf das Auspusten verzichten. Aber sie amüsieren sich prächtig. Es ist eine Party, auch ohne Kerze. Was wir in den Abendnachrichten von der Aufzeichnung der Polizeikamera sehen, ist niedlich, doch die Geschichte ist hier noch nicht zu Ende.

Die Polizisten sehen die beiden Kleinen auf den Monitoren ihrer Überwachungskameras. Sie fahren zum Grünstreifen. Zunächst einmal zünden sie die Kerze an. Ayvaz bläst sie aus. Unsere beiden wundern sich ein wenig, schöpfen aber keinen Verdacht. Als die Kerze aus ist, klatschen sie in die Hände und lachen. In den Nachrichten heißt es dann: »Ayvaz wurde eine richtige Geburtstagsparty ausgerichet.« Die Bilder zeigen einen Tisch vor Ayvaz' Zuhause mit einer protzigen Torte aus der Konditorei darauf. In Habachtstellung steht Ayvaz vor der Torte. Sein Kopf ist kahl. Ihm wurde also unverzüglich der Schädel rasiert. Das Geburtstagsgeschenk des Staates für Ayvaz. Ayvaz ist jetzt ein Minisoldat!

Neben ihm steht der Freund vom Grünstreifen, auch er von der staatlichen Kahlköpfigkeit betroffen. Ayvaz erhält offenbar aus dem Off Befehle. Lachen! Es soll gelacht werden. Auspusten! Die Kerzen sollen ausgepustet werden. Klatschen! Es soll geklatscht werden. Geburtstag nach Plan. In den Nachrichten heißt es, Ayvaz' Familie sei unwahrscheinlich arm. Ayvaz' Gesicht wirkt angespannt und verdattert. Der Freund ist bald verschwunden. Andere Kinder kommen ins Bild. Offensichtlich kennen sie Ayvaz nicht, denn ihr Ruf lautet: »Herzlichen Glückwunsch zum Geburtstag, Ayaz!«

Ayvaz mustert diese Kinder, die ihn Ayaz nennen und ihm mitten im Armenviertel ein Ständchen bringen. Er steht jetzt auf einer von Polizei und Medien gemeinsam errichteten Bühne. In seinem Blick liegt mehr Falschheit als nötig. Er lernt rasch – das ist mit bloßem Auge zu erkennen –, Theater zu spielen.

Als Ayvaz und sein Freund ihre eigenen Pläne für die Geburtstagsfeier auf dem Grünstreifen machten, waren sie andere. Sie waren sie selbst, als sie die Hände verschränkten und aufgeregt versuchten, die Kerze zu entzünden. Sie hatten noch Haare. Und ihre Mienen posierten nicht für die Kamera. Und wie arm sie waren, hatten sie nicht gewusst, bevor man ihnen die Schädel schor.

So löste der Staat das Problem der Streichhölzer, die auf einer Geburtstagsfeier von zwei Kindern nicht brennen wollten! Statt eines »zivilen« Kuchens setzte er ihnen seine eigene

Torte vor, ihr unwillkürliches Lächeln ersetzte er durch den stereotypen Soldatengruß. Jetzt wird gelacht, lache! Jetzt wird Kuchen gegessen, iss! Alles steckt in fester Ordnung und nachhaltiger Falschheit. Gott schütze unseren Staat! Kahlköpfige Kinder hat es schon früher gegeben. Seit der Republikgründung wird in diesem Land daran gearbeitet, die Unterschiede durch die Produktion eines Einheitsmenschen zu nivellieren, damit sie keine Gefahr darstellen. Wer aber versucht, auf eigene Faust erwachsen zu werden und seine eigene Identität zu finden, wird stets wie Ayvaz und sein Freund am Schlafittchen gepackt, kahlgeschoren und anschließend in Habachtposition beiseitegestellt.

Auch nach dem Putsch von 1980, in dessen Schatten wir noch heute leben, wurden Tausende Menschen kahlgeschoren, ins Gefängnis gesteckt, in der Folter gezwungen, Einheitskleidung zu tragen und mussten anschließend wie Soldaten jeden Morgen zum Marschieren antreten. Die Welt außerhalb der Gefängnisse sieht nicht anders aus. Das ist der Grund dafür, dass die meisten Männer in der Türkei bis vor gar nicht langer Zeit eine Einheitsfrisur trugen. Mit dem Putsch wurden an Friseure im ganzen Land Modellbilder für die Beamtenfrisur verteilt, bis die Friseure keinen anderen Schnitt mehr zustande brachten und alle Männer im Land zu Ayvaz geworden waren! Von der Zivilbevölkerung lässt sich kaum sagen, sie sei zivil. Denn die große Mehrheit erfuhr dieselbe Behandlung wie Ayvaz, als Kinder schon wurden ihre Körper und Seelen auf Habacht getrimmt. Da sich das Innere der Köpfe der Menschen nicht verändern lässt, wird eben ihr Äußeres vereinheitlicht.

Frauen sind davon nicht ausgenommen. 2003 schrieb die *Hürriyet*, die populärste Tageszeitung, die als Repräsentantin des Staates gilt und von Mehmet Normalverbraucher gelesen wird: »In den letzten sechs Monaten hat das Kopftuch von

Frau Unakıtan einen deutlichen Wandel durchgemacht und erscheint nun völlig modern. Frau Unakıtan achtet darauf, ihr Kopftuch jeden Tag farblich auf ihre Kleidung abzustimmen, für ihren neuen Stil gaben Modekenner ihr die volle Punktzahl. Sie erklärten Frau Unakıtans modernen Kopftuch-Stil zur ›neuen Turban-Mode‹. Diese Mode ist vor allem unter jungen Frauen verbreitet, das Tuch wird hinten zur Schleife gebunden und mit einer speziellen Nadel im Nacken zusammengesteckt.« Die Schlagzeile dieser Titelnachricht lautete: »Die Frau des praktischen Ministers hat die Formel gefunden.« In munterem Plauderton wird auf den »akzeptablen« Stil der Ehefrau von Finanzminister Kemal Unakıtan, Ahsen Hanım, verwiesen und hervorgehoben, wie modern sie sei. Die Damen im Kabinett dagegen, die das Kopftuch weiterhin altmodisch binden, erfahren im selben Atemzug mit ausgestrecktem Finger Missbilligung: »Sie bleiben beim Alten.«

Bei der zur Musterschülerin erkorenen Ahsen Hanım werden Eigenschaften hervorgehoben, die als angemessen für eine republikanische Frau gelten, etwa dass sie Klavier und Tennis spielt. Damit noch nicht genug, ihre Entwicklung in Sachen moderner Kopftuchmode wurde mit Vorher-nachher-Fotos im Sinne von »Seht nur, wie sie sich uns angepasst hat!« dokumentiert und bejubelt.

Als die säkulare Türkei begriff, dass es für sie keine Rettung vor dem zunehmenden Konservatismus gibt, schwang sie sich auf, eine ausreichend moderne Turban-Kopftuch-Trägerin zu ermitteln, zu rühmen und als Vorbild zu präsentieren. Interessant dabei war auch das Motto zu der Nachricht: »Es herrsche Frieden!« Wie schön also, wenn Moderne und Reaktion, diese beiden unversöhnlichen Seiten auf dem Boden einer konfliktreichen Geschichte, sich mit Hilfe »einer Schleife im Nacken« vertragen. Laut *Hürriyet* scheinen alle Probleme gelöst, sobald die Frauen sich auf modische Weise verhüllen.

In der Türkei sagt man zu Kindern, die sich gestritten haben: »Küsst euch und vertragt euch wieder!« Da diese falsche Versöhnung in sämtlichen Krisen zur Anwendung kommt, hat die Türkei seit ihrer Gründung keine Krise lösen können, sondern die Kontrahenten stets nur zum »Küssen und Versöhnen« bewegt. Nach dem Putsch von 1980 wurden die Aktivisten verfeindeter, einander bis auf den Tod bekriegender politischer Richtungen in Gefängniszellen zusammengelegt, wo sie lernen sollen, sich zu vertragen. Die Kopftuchfrage wurde mit einer Schleife gelöst. Wie die Köpfe, die alle gleich werden, sobald sie kahlgeschoren sind. Oder wie der zu Beginn erwähnte symbolische Prozess, den man 2012 dem Putsch von 1980 machte. Unterschwellig dauern die Krisen jedoch an. Nichts hat sich geändert. Jene, die am 12. März 1971 die jungen Männer und am 12. September 1980 den sechzehnjährigen Jungen hinrichteten, erklärten den vierzehnjährigen Berkin Elvan, der während der Gezi-Proteste von einer Reizgaspatrone tödlich am Kopf verletzt wurde, auf dem Sterbelager zum Terroristen.

Nun haben wir genug Fotos angeschaut. Schließen wir das Album. Kommen wir zum vergnüglichen Teil, kommen wir zum Heute.

KAPITEL 2: HEUTE

Geographie, was willst du von mir?

Graffiti in Istanbul 2015

Willkommen in der Welt der Stimuli-Abhängigen!
Das hier ist ein anderer Kosmos, das ist nicht die Welt selbst

Engin Geçtan (Psychiater), *Hayat*

Ein ganz normaler Tag in meinem Leben

İdare et! Kann es Zufall sein, dass dieser türkische Ausdruck sowohl *lenken* als auch *ein Auge zudrücken* bedeutet? Oder bezeichnet er heute beide Handlungen, weil *lenken* und *ein Auge zudrücken* sich mit der Zeit immer mehr einander angeglichen haben? Und warum träume ich zum dritten Mal, dass ich festgenommen werde? In meinen Albträumen werden im Gerichtssaal meine Tagebücher verlesen. Scham und Wut … Wenigstens halte ich mich nicht mehr für paranoid. Denn ich weiß, dass seit einigen Jahren fast jeder von solchen Albträumen geplagt wird. Diese Paranoia ist also ein kollektives Empfinden. Wir stehen morgens auf und erzählen einander lachend unsere »Erinnerungen aus dem Gerichtssaal«.

Mit diesem Gedanken bin ich heute aufgewacht und habe zu der einzigen Therapie gegriffen, die den Kopf von diesen unlösbaren Problemen befreit. Joggen! Ich jogge, seit der Schriftsteller Haruki Murakami verkündet hat, Schreiben sei eine ungesunde Tätigkeit, und ein Schriftsteller müsse gesund leben und joggen. Einen körperlichen Nutzen sehe ich noch nicht, und auch auf die Verkaufszahlen meiner Werke hat sich der Sport noch nicht ausgewirkt, aber mir macht es Spaß, meinen Freunden, die angesichts der Lage im Land alle unter Depressionen leiden, damit auf die Nerven zu gehen.

Ich jogge auf der europäischen Seite des Bosporus, am Ufer zwischen den Stadtteilen Ortaköy und Bebek. Der Weg führt von der Mittelschicht zur Oberschicht: von Dönerläden zu Steakhäusern, von Fischerbooten zu Luxusyachten, von Teestuben zu *Lounges*. Hier kann ich problemlos in meinen Leggings joggen, niemand wird sich daran stören. An solche Dinge denkt man automatisch. Wie beeinflusst der latent in Ihrem Hinterkopf schlummernde Gedanke oder Funken einer Sorge, es könnte Ihnen etwas zustoßen, weil Sie Leggings tragen, Ihr seelisches Wohlbefinden? Oder Ihre intellektuellen Fähigkeiten? Wenn eine Frau in der Türkei all die kleinen Dinge auflisten würde, über die sie sich jeden Tag Sorgen macht, nachdenkt oder die sie kalkulieren muss, wäre die Anzahl so unendlich wie die Kommastellen der Zahl Pi. Jeder Westeuropäer, der die Türkei nur von seinen Sommerurlauben in Badehose und Bikini kennt, muss uns für paranoid halten. Aber wir haben gute Gründe für unseren Verfolgungswahn. Denn wir kennen die Geschichte einer jungen Frau namens Didem Yaylalı. Eine Geschichte, die ein Licht auf die heutige Situation der Frauen in meinem Land wirft.

Frauenmord, ohne sich die Finger schmutzig zu machen

»Sie war so ein süßes Mädchen! Sie lebte nur nicht so, wie sie es wollten.« Das sagte mir Evrim nach dem Selbstmord ihrer Freundin Didem Yaylalı im Jahr 2013 weinend am Telefon.

Die junge Richteranwärterin war in einem Hotelzimmer tot aufgefunden worden. Der Grund für den Freitod der fröhlichen jungen Frau mit dem roten Haar war ein Paar Leggings. Didem erfüllte alle Voraussetzungen für den Start ins Berufsleben, doch der Hohe Rat der Richter und Staatsanwälte (HSYK) konnte sich nicht zu ihrer Ernennung entschließen. Und hier kommt der Frauenmord, »ohne sich die Finger schmutzig zu machen«, ins Spiel. Evrim, Didems Mitbewohnerin, schreibt:

»Ich möchte Ihnen das professionell durchdachte Mordszenario darlegen, das Didem Yaylalı in den Selbstmord trieb. Didem war eine glückliche, lebenslustige junge Frau, eine hervorragende Juristin, die das Recht liebte, jede Gesetzesänderung verfolgte und auswendig wusste. Das heißt, bis man ihr letztes Jahr mitteilte, dass sie nie Richterin werden würde. Ganz bewusst und geplant drängten sie Didem in eine kafkaeske Welt. Man kündigte ihr nicht, aber man ließ sie auch nicht Richterin werden. Man ließ sie in einer Grauzone, in der sie nicht wissen konnte, wer ihre Gegner waren und wogegen sie eigentlich kämpfte. Unsere ehrenwerten Richter im Hohen Rat der Richter und Staatsanwälte, wo sie immer wieder voller Hoffnung anfragte, sagten ihr, sie solle ihren Stolz vergessen und ihnen Hochachtung entgegenbringen, andernfalls sei ihre Ernennung nicht möglich. Als ich eines Abends von der Arbeit heimkam, fragte sie mich: ›Evrim, was bedeutet eigentlich konservativ?‹ – ›Dass man die Traditionen achtet, Didem, warum fragst du?‹, antwortete ich. Da erzählte sie mir: ›Heute hat mir ein Richter beim HSYK gesagt, dass ich konservativ sein müsse, sonst würden mir weiter diese Dinge passieren.‹

In den letzten Monaten war Didem bereit gewesen, im Falle ihrer Ernennung zu ihrer Ehrenrettung einen einzigen Tag als Richterin zu arbeiten und dann zu kündigen. Aber auch darauf ließen sie sich nicht ein. Sie gestatteten ihr nicht einmal, als Anwältin zu arbeiten. Wissend und willentlich führten sie Didem in eine Sackgasse. Wenn sie schuldig war, warum kündigten sie ihr dann nicht? Weil sie wussten, dass eine Kündigung für sie einer Auszeichnung gleichgekommen wäre. Nur zwei ihrer Kommilitonen nahmen an ihrem Begräbnis teil. Ihre Freunde (bereits ernannte Richter und Staatsanwälte) blieben aus Angst der Beerdigung fern. Alle wussten, dass Didem im Recht gewesen war, wollten sich aber ihre eigene Zukunft nicht verbauen. Stimmen, die wie Didem für Freiheit kämpfen, werden so zum Schweigen gebracht, und eine Angstgesellschaft entsteht. Sie hatte eine Menge Freunde unter den Richter- und Staatsanwaltsanwärtern. Alle tranken Alkohol, und alle sagten ständig ›Dass das bloß keiner sieht‹ oder ›Dass das bloß keiner hört.‹ An dieser Heuchelei beteiligte sich Didem nicht.

Wir wissen, wer *sie* sind und dass sie schuldig sind, weil sie Didem keine andere Wahl ließen als den Selbstmord, weil sie eine ausgezeichnete Juristin wie Didem in den Tod trieben, nachdem sie den Begriff ›Freiheit‹ aus ihrem Wortschatz gestrichen haben.«

Ein Mitglied des HSYK hatte Didem gesagt, sie müsse ›konservativ‹ sein. Als Didem nicht verstand, was er damit meinte, sagte er: ›Sie müssen sich an die Traditionen halten. Eine Richterin trägt keine Leggings.‹ Didem war vollkommen verblüfft, denn sie trug höchstens am Wochenende Leggings. Ein weiteres Mitglied des HSYK bemerkte: ›Hat deine Lungenentzündung mit dem Genuss von Alkohol zu tun? Hast du Probleme in deinem Privatleben?‹

Sie brauchen einer Frau eine Leggings also nicht um den Hals zu legen und zuzuziehen; sie können mit einer Leggings auch töten, ohne Spuren zu hinterlassen.

An Frauen verübte Morde haben in der Türkei in den vergangenen Jahren dramatisch zugenommen, allein zwischen 2002 und 2009 stieg ihre Zahl um 1400 Prozent. Man kann von einem Krieg gegen die Frauen sprechen. Laut Statistik der Istanbuler Anwaltskammer wird jeden zweiten Tag eine Frau ermordet. Die Morde werden aus unterschiedlichen Gründen verübt: sogenannte Ehrenmorde, Morde aus Leidenschaft oder nach einer Vergewaltigung. Traditionell sagt man in der Türkei zu seiner Liebsten: »Entweder gehörst du mir oder in die Erde.« Das soll heißen: Wenn du mich nicht liebst, dann töte ich dich. Dieser scheinbare Ausdruck von Leidenschaft hat sich als tödlich herausgestellt. Mehr und mehr wird die traditionelle Auffassung männlicher Liebe als »legitimer« Grund zu töten aufgefasst. Gründe dafür gibt es zahlreiche: soziale und politische Spannungen, ein schwindendes Rechtsbewusstsein, das Vietnam-Syndrom – gemein ist all diesen möglichen Gründen, dass Stillschweigen darüber bewahrt wird.

Gleichschaltung

So viel zu den zählbaren, den sichtbaren Morden an Frauen. Aber unsichtbare Morde? Dazu bedarf es einer kleinen Verfassungsänderung! Wie bereits im ersten Kapitel erwähnt, wurde 2010 die Verfassung aus dem Jahr 1982 geändert. Obwohl dies bei weitem nicht die erste Änderung war, stützte die AKP ihre Propaganda auf den Slogan »Endlich wird die Türkei demokratisch!«. Ein klitzekleines Stück Wahrheit steckte in dieser Propaganda. Endlich würde man die Putschisten unter Anklage stellen können. Wie Sie wissen, wurde zwar de facto niemand strafrechtlich verfolgt, im Vorfeld des Referendums aber sorgte dieser Punkt für viel Aufregung. Der damalige Ministerpräsident Recep Tayyip Erdoğan arbeitete mit aller Kraft an dieser Änderung, er inszenierte sogar einen seiner öffentlichen Weinkrämpfe. Schlimm nur, dass seine Tränen diesmal einer Angelegenheit galten, bei der jeder für Gerechtigkeit, Gleichheit und Freiheit Kämpfende in der Türkei geweint hätte. Erinnern Sie sich an Erdal Eren aus dem ersten Kapitel, dessen Knochenalter man auf achtzehn heraufsetzte, um ihn hängen zu können? Unter Tränen verlas der Ministerpräsident Erdals letzten Brief und auch die letzten Briefe einiger nach dem Putsch vom 12. September 1980 zum Tod durch den Strang Verurteilten und stellte somit seine Gegner vor eine moralische Wahl. Forderten wir nicht die Verurteilung der Putschisten und die Entlarvung der Folterer? Doch, das taten wir.

Im Gegenzug aber mussten wir Tayyip Bey geben, was er verlangte. Wir sollten Tayyip Bey erlauben, die Zusammensetzung des Verfassungsgerichts, das er unablässig als Hindernis für seine Pläne bezeichnete, zu seinen Gunsten zu verändern.

Außerdem sollte sich das Oberste Verwaltungsgericht nicht länger in Tayyip Beys Angelegenheiten einmischen. Zudem sollten wir bitte schön auch akzeptieren, dass die Exekutive festlegte, wer in den bis dato relativ unabhängigen Hohen Rat der Richter und Staatsanwälte aufgenommen werden würde. Wenn wir also Erdal Erens Mörder vor Gericht sehen wollten, mussten wir Didem Yaylalı an Tayyip Bey ausliefern. Und das taten wir.

Die Ereignisse auf dem Weg zum Referendum waren, um es offen zu sagen, ziemlich widerwärtig. Wer mahnte, »mit dieser Änderung verschwindet das Prinzip der Gewaltenteilung«, wurde beschuldigt, »putschverliebt« zu sein. Ein Slogan, der dieser Epoche ihren Stempel aufdrückte, lautete: »Es genügt nicht, aber ich stimme mit Ja!«

Diese Verfassungsänderung genügt nicht, aber trotzdem müssen wir mit Ja stimmen, lautete der Diskurs der liberalen Intellektuellen, und damit schufen sie der Regierung einen Legitimationsrahmen. Eine Verfassungsänderung, die die Regierung sonst wohl kaum bei der Bevölkerung hätte durchsetzen können, wurde mit Hilfe dieser genialen Propaganda per Volksentscheid angenommen.

Nicht nur Didem Yaylalı starb. Bald schon sollten Menschen, die in politische oder auch völlig unpolitische Strafverfahren involviert waren, folgenden Satz an den Gerichtssaaltüren offen aussprechen: »Auch wenn du im Recht bist; wenn du nicht zu ihnen gehörst, akzeptieren sie deine Argumente nicht.«

Die Macht, die die Exekutive und die Legislative aufgrund des türkischen Wahlsystems unangefochten besaßen, hatte nun auch noch die Judikative, die einzige unabhängige Kraft im Land, an sich gerissen. Falls Sie sich also gefragt haben sollten: »Wie geht das? Wie betrügt man ein ganzes Land?«, dann lautet die Antwort: »Durch Gleichschaltung!«

Im Fernsehinterview mit Günter Gaus sagte Hannah Arendt 1964: »Und ich konnte feststellen, dass unter den Intellektuellen die Gleichschaltung sozusagen die Regel war. Aber unter den anderen nicht. Und das hab ich nie vergessen. Ich ging aus Deutschland, beherrscht von der Vorstellung, natürlich immer etwas übertreibend: Nie wieder! Ich rühre nie wieder eine intellektuelle Geschichte an.«

Gleichschaltung. Jemand, der wie ich kein Deutsch kann, hat Mühe, dieses Wort auszusprechen. Seine Bedeutung aber versteht in der Türkei jeder sofort. Hannah Arendt beschreibt, dass sich in der Anfangsphase des Nationalsozialismus der absolute Gehorsam nicht aufgrund des Drucks der Regierungsmacht, sondern vollkommen freiwillig vollzog. Diese Freiwilligkeit ließ Arendt später die Intellektuellen zur Hölle wünschen. Diese widerwärtige »Freiwilligkeit« kennen alle, die sich in den vergangenen zehn Jahren in der Istanbuler intellektuellen Szene bewegt haben und über mehr oder weniger gesunden Menschenverstand verfügen, nur allzu gut. Publizisten, die unaufgefordert Rapport erstatten, die in Wettstreit um die schönsten Lobeshymnen treten, von denen sogar die Machthaber erstaunt sind. Mit den Gezi-Protesten ist dieser vorauseilende Gehorsam zum Glück aus der Mode gekommen.

In den Jahren vor Gezi, als die AKP ihre Legitimität sowohl auf demokratische Wahlen als auch auf die Akzeptanz der Intellektuellen stützte, gleichzeitig aber Tausende von Menschen in politischen Prozessen mit unrechtmäßigen Mitteln verurteilt und in die Gefängnisse gepfercht wurden, war alles sehr undurchsichtig. Schriftsteller, Publizisten und Journalisten fürchteten sich nicht etwa vor dem Druck der Regierung, sondern vor der Exkommunizierung aus ihrer eigenen Gruppe. Spielverderber zu sein, während alle bester Laune sind, macht uns Erwachsenen ebenso viel Angst wie Kindern.

So gesehen waren die Ereignisse, als *Çarşı*, der Fanclub des Fußballvereins Beşiktaş, aufgrund seiner aktiven Rolle bei den Gezi-Protesten des »Putschversuchs« bezichtigt wurde, äußerst lehrreich. Der Ladenbesitzer und Sprecher des Fanclubs Cem Yakışkan bewies dabei eine Klarheit und Courage, die viele Intellektuelle niemals aufgebracht hätten. Als der Richter sagte: »Die Anklage lautet auf Putschversuch. Was haben Sie dazu zu sagen?«, antwortete Cem Yakışkan: »Wenn wir so mächtig wären, hätten wir Beşiktaş zum Meister gemacht!«

Niemand war zu derselben Klarheit fähig gewesen, als Journalisten, Gewerkschafter, Rechtsanwälte und Studenten mit erfundenen Beweisen und widersinnigen Behauptungen des Putschversuchs bezichtigt worden waren. Tragisch hoch war die Zahl derer, die emsig damit beschäftigt waren, sich anzupassen.

Ein offener Brief

Auch aus dem Ausland gab es nicht wenig Applaus für die AKP. Man reagierte begeistert, als hätte man auf jenen Tag nur gewartet. Insbesondere als die USA die Türkei den arabischen Ländern als Modell präsentierte, waren die Herzen vieler Intellektueller im Sturm erobert. Einer von ihnen war Slavoj Žižek. Als er erklärte, die Türkei könne in der arabischen Welt als Modell gelten, während hierzulande Hunderte Journalisten,

Rechtsanwälte, Studenten, Politiker und Gewerkschafter im Gefängnis saßen, musste ich ihm einfach einen Brief schreiben.

Sehr geehrter Herr Žižek,
aufmerksam verfolge ich Ihre Arbeit, und nachdem ich Ihre Kommentare über die Türkei gehört habe, fühle ich mich gezwungen, Ihnen zu schreiben.

Ich teile Ihre Bewunderung für mein Land, die Sie, wie ich denke, zu der Äußerung motiviert hat: »Wenn die arabische Welt wirklich ein Modell braucht, dann könnte die Türkei als solches dienen.« Ich kann dennoch nicht umhin, den Schlusssatz meines Beitrags bei den *Doha Debates* am 12. Januar 2012 zu wiederholen: »Die Türkei eignet sich nicht als Modell für die arabische Welt, denn sie hat bereits genug Probleme.«

Ein unappetitlicher Aspekt autoritärer Regime ist – wie Sie selbst nur zu gut wissen –, dass sie uns Publizisten in Schwachköpfe verwandeln, indem sie uns durch ihre Taten zwingen, das Offensichtliche unablässig zu wiederholen. Wie etwa: »Journalisten dürfen nicht inhaftiert werden«, »Es ist grausam, kurdische Minderjährige ins Gefängnis zu stecken«, »Tränengas darf nicht ohne Einschränkungen eingesetzt werden, insbesondere nicht in einem Ausmaß, das zu Todesfällen führt«, »Studenten, die auf Plakaten kostenlose Bildung fordern, dürfen nicht für mehrere Jahre ins Gefängnis«, »Es darf keine Strafe ohne Gesetz geben« etc. pp. In letzter Zeit ist mein IQ bedrohlich gesunken, weil ich ständig wiederhole, dass sich die Türkei in ein Reich der Angst verwandelt. Die Türken sind bereits völlig erschöpft, weil sie von einem Gerichtssaal zum nächsten rennen, um politische Prozesse zu verfolgen, die sogar Kafka zur Überarbeitung seines Œuvres inspiriert hätten.

Mein Freund, der Journalist Ahmet Şık, zitierte, als er sich gegen eine lächerliche Anklage verteidigte, Roland Barthes: »… denn Faschismus heißt nicht am Sagen hindern, er heißt zum Sagen zwingen.«

Ahmed saß mit weiteren 103 Journalisten etwa ein Jahr ohne Verurteilung im Gefängnis. Bewundern Sie ruhig die neueste juristische Mode in der Türkei: nebulöse Anschuldigungen, fehlende Beweise, und trotzdem jahrelange Haft. Mit über 9000 beim Europäischen Gerichtshof für Menschenrechte anhängigen Verfahren war die Türkei im Jahr 2011 die Nummer eins bei der Einschränkung der Meinungsfreiheit. Vor einigen Tagen erklärte Ahmets Anwalt während seiner Verteidigung den Richtern, die Ankläger hätten ihm gedroht, seine Argumentation könnte zu einer strafrechtlichen Verfolgung nach den Antiterrorgesetzen führen. Sie stimmen mir wohl zu, dass er sich angesichts der Tatsache, dass vierzig Anwälte unter Berufung auf genau diese antidemokratischen Antiterrorgesetze in Haft sitzen, zu Recht beunruhigt fühlt.

Ich weiß schon, dass Sie kein Vertrauen mehr haben in Europa, weswegen diese Zahlen Sie vielleicht nicht interessieren. Obschon ich gehört habe, dass Sie noch immer inspiriert sind vom Ruf des Tahrir-Platzes nach Freiheit. Ich glaube, unsere gemeinsamen Freunde in Ägypten, Tunesien oder Syrien haben Besseres verdient als das Leben, das wir in der Türkei führen.

Unsere Polizei ist nicht weniger skrupellos als der SCAF in Ägypten. Metin Lokumcu, ein Lehrer, erlitt nach exzessivem Einsatz von Tränengas während eines Übergriffs auf eine Protestkundgebung gegen die Regierung am 31. Mai 2011 einen tödlichen Herzinfarkt.

Die Bilder der kurdischen Kinder, die, um ein wenig Geld zu verdienen, Zigaretten über die irakische Grenze schmuggelten, schafften es nicht in die Nachrichten. Neun von ihnen wurden bei einer »fälschlich durchgeführten Militäroperation« in Uludere getötet. Die Regierung vertuschte den Vorfall, und unser Ministerpräsident warf Kritikern mangelnde Fairness gegenüber der Regierung vor. Letzten Endes verfügt die Türkei vielleicht einfach über eine funkelndere Schaufensterdekoration und erhält bessere Noten vom IWF. Ich möchte keine jener Publizisten sein, die über nichts anderes berichten als über die Sünden, die in ihren Ländern begangen werden. Das wäre nicht nur unfair meinem Land gegenüber, sondern auch schmerzhaft für mich. Aber es schmerzt auch zu sehen, dass Sie den Zielen eines internationalen Marketingprojekts dienen, wenn Sie sagen: »Die Türkei kann ein Modell sein für die arabische Welt.« Wir, das türkische Volk, haben Besseres verdient. Dasselbe gilt für die Araber.

Mit freundlichen Grüßen
Ece Temelkuran

Letzten Endes drückte die intellektuelle Welt im In- und Ausland der türkischen Demokratie den Stempel »Bon pour l'Orient« auf, wie ihn Pariser Universitäten den Arbeiten von Studenten aus den Kolonien verpasst hatten. Somit entschied man, dieses bisschen Demokratie sei ausreichend für ein Land des Ostens.

Eine solch lange Geschichte steckt also hinter Didem Yaylalıs Tod. Doch die Frage, warum keiner ihrer Freunde zu ihrem Begräbnis kam, ist noch komplizierter. Darüber kann man am besten beim Joggen in den so umstrittenen Leggings nachdenken. Ein wenig Bosporusluft tut gut, wenn es darum geht, was es bedeutet, »keiner von ihnen zu sein«.

Sie und Wir

Am Ufer des Bosporus liegen Fischerboote, in den reicheren Stadtteilen Jachten. Manche dieser Jachten schmückt man heute im Stil osmanischer Prunkschiffe. Oder wie ein Jachtbesitzer sich osmanische Schiffe vorstellt: jede Menge Blattgold, Samt und Schnörkel. Sie werden von Galionsfiguren geziert, bei deren Anblick sich selbst die Mägen seefester Betrachter umdrehen. Schaufensterpuppen werden Schnauzbärte angeklebt, und sie sind gekleidet wie osmanische Paschas. Hinter diesem Pomp der »wiederentdeckten Vergangenheit« strahlen die Reklametafeln. In der Regel sieht man zwei Arten von Werbung: pompöse Ankündigungen von Serien und Filmen, die im Staatsfernsehen ausgestrahlt werden, und Reklame von Projekten für »Leben unter Gleichgesinnten«. Über die Serien- und Filmankündigungen reden wir später.

Hinter der inflationären Verwendung von Begriffen wie »Leben in Seelenfrieden« und »Leben unter Gleichgesinnten« verbirgt sich eine immense Realität. Graffiti, Außenwerbung und Straßen sind Sinnbilder der verborgenen Agenda eines Landes. Für den, der die Codes und Chiffren zu lesen vermag, sind sie äußerst aussagekräftig. Die Reklame steht in engem Zusammenhang mit der jungen Richteranwärterin, die sich umbrachte, weil sie »nicht so war wie sie«. Was hat es mit dem »Leben unter Gleichgesinnten« auf sich? Begeben wir uns zurück in die Nacht des 22. Juli 2007. Die AKP hat die Wahl gewonnen, eine der berühmten Balkonreden des Ministerpräsidenten steht an. Seitdem die AKP regiert, sind Erdoğans in der Wahlnacht gehaltenen Balkonreden eine Institution, die Sätze aus dem Munde des Ministerpräsidenten gelten als dem Recht übergeordnete Wunderworte. Nach dem Wahlsieg tritt der Ministerpräsident Tayyip Bey unter Rufen, Märschen und Freudenschreien einer wildgewordenen Meute auf den Balkon. Das Spektakel beginnt. Der Ministerpräsident ruft in die Menge: »Zeigt mir eure Fahnen. Das Blut, das an ihnen klebt, macht sie zu Fahnen. Rufen wir von hier aus in die ganze Türkei: ein Volk, eine Fahne, eine Heimat, ein Staat!«

Für alle, die nicht die AKP gewählt haben, findet Tayyip Bey in seiner Rede die Worte: »Auch sie sind Farben unseres Landes«, und proklamiert somit die Hälfte des Volkes, die die AKP nicht wählt, zum »schmückenden Beiwerk«. Er fährt fort: »Die AKP ist nunmehr die Adresse für die gesellschaftliche Mitte!«

Während er dies sagt, präsentiert sich auf dem Podest ein sorgfältig arrangiertes Bild:

Tayyip Bey und seine Kopftuch tragende Gattin Emine Hanım, Abdullah Gül und seine Kopftuch tragende Gattin Hayrünnisa Hanım. Das also ist »die Mitte«, die »Normalität«. Wenn man nicht so aussieht wie sie, gehört man mittlerweile zu einer Randgruppe. Das ist nicht ihr Staat, sagt Erdoğan, nicht ihre Nation, ihr Volk, sie sind »der andere«. Im besten Fall »schmückendes Beiwerk«!

Alle Wahlkommentatoren verwendeten nach diesem Abend im Fernsehen denselben Begriff: gesellschaftlicher Konsens! Geschäftsleute, Medien und Politiker anderer Parteien wiederholen immer wieder, die AKP müsse mit dem Rest der Gesellschaft und den übrigen Parteien einen Konsens finden. »Das hoffen wir«, »Das wünschen wir uns«, sagen sie. Das klingt nach einem Ruf nach Gnade. Sie bitten beim Herrscher um Erbarmen. Sie sind nicht imstande, Druck auszuüben auf einen Regierungschef, der nur die Hälfte der Wählerstimmen hinter sich hat. Nach der Wahlnacht legte die AKP die Maske der Demokratie ab. Der Ministerpräsident redete mittlerweile offen von *wir* und brüllte bei seinen Reden, bevor er die Andersdenkenden abkanzelte: »Sieee!«

Mit der Differenzierung in *wir* und *sie* kam es zur Zweiteilung eines Landes, in dem Probleme mit der Demokratie und der Kultur des Zusammenlebens ohnehin an der Tagesordnung waren. Man glaubte, die Trennungslinie verliefe zwischen Säkularen und Religiösen. Damals tauchten die ersten Reklametafeln für Wohnsiedlungen auf, in der religiös Konservative leben sollten: »Für ein Leben in Seelenfrieden …«

Für die Konservativen war »Seelenfrieden« das Codewort. Es implizierte auch, dass *sie* den Seelenfrieden störten. Immer wenn der Ministerpräsident ans Rednerpult trat, verwendete er folgenden Duktus: »*Wir* wurden überaus benachteiligt. *Wir* wurden unterdrückt. Heute sind *wir* an der Macht, aber wir tolerieren *sie*.«

Im Türkischen gibt es ein nicht gerade salonfähiges Sprichwort. Dezent formuliert besagt es, dass, wenn der Vorbeter einen Wind fahren lässt, seine Gemeinde noch etwas weitergeht. Da es ein derber Spruch ist, benutzt man ihn stets in abgewandelter Form: »Wenn der Vorbeter das tut, was tut dann nicht erst die Gemeinde!«

Je öfter der Imam an ihrer Spitze Toleranz und mühevolles Ertragen betonte, desto emsiger bemühten sich zuerst die Parteispitze, dann die braven Schwejks der lokalen Parteiverbände und schließlich die Normalbürger, *sie* aus der Gesellschaft auszustoßen. Didem Yaylalı wurde zur Leidtragenden dieser Entwicklung.

Gleichzeitig wurde der Opferstatus der Religiösen betont. Sowohl auf dem Weg zur Macht als auch nach dem Wahlsieg sprach der Ministerpräsident immer wieder von der historischen Benachteiligung und dem Opfertum der Massen. »Sieee«, sagte er und zählte auf, »haben uns nicht geachtet, uns nicht erlaubt, unsere Religion auszuüben; sie haben uns am Erfolg gehindert, uns Unrecht getan, sie haben auf uns herabgesehen, uns erniedrigt.« Als wäre die Türkei seit ihrer Gründung von einem religionsfeindlichen und brutal-autoritären sozialistischen Regime regiert worden, das nun endlich von der

Bevölkerung zur Rechenschaft gezogen werde. Der Ministerpräsident sprach von der »neuen Türkei«, der »großen Türkei« und vertröstete seine Wähler und Kritiker auf eine glänzende Zukunft, statt aktuelle Probleme zu lösen: »Das Ziel ist 2023!« Während ein Großteil der Bevölkerung durch seine Politik des wild wuchernden Kapitalismus immer ärmer wurde, feuerte er sie auf Großkundgebungen an mit dem Satz: »Du bist die Türkei! Denke groß!«

Wer die *Pathologie des heiligen Opfertums*, wie der Soziologe Fethi Açıkel diesen Mechanismus nennt, erkannte, wer sich von dem verlogenen Enthusiasmus nicht mitreißen ließ, zählte nunmehr zu *den anderen*. Wer sich *uns* nicht anpasst, soll für sich allein leben. So wie Didem Yaylalı. *Wir* waren immer benachteiligt. Selbst als der Vorwurf der Veruntreuung laut wurde, als Hunderte Menschen ins Gefängnis gesteckt wurden, keine oppositionelle Stimme mehr in der Presse zu hören war, Menschen erschlagen wurden, weil sie während des Ramadans nicht fasteten, die türkische Lira gegenüber dem Dollar immens an Wert verlor und 301 Arbeiter in einer einzigen Nacht in einer Grube ums Leben kamen, deren Betrieb einem regierungsnahen Investor überantwortet worden war, bestand die Regierung weiterhin aus »Opfern und Benachteiligten«, und alles, was sich gegen sie richtete, war »Verschwörung«.

Das Ganze kulminierte 2012 in einer Begebenheit, die wie eine schwarze Komödie anmutet. Auf den Internetseiten dreier Milchproduzenten erschien über Nacht folgender Text:

»Wir haben erfahren, dass Ihr die schlechte Milch produziert und verteilt habt. Wir haben beschlossen, nachzusehen, wer Ihr seid. Versteht uns nicht falsch. Wir denken nicht, dass Ihr die einzigen Schuldigen in dieser Angelegenheit seid. Die wahren Schuldigen sind die, die auf Eure moderat-islamischen Schnauzer und Euren Rosenduft hereingefallen sind – diejenigen, die Euch den Vertrag für dieses Milchgeschäft verschafft haben.

Dass eine solch verdorbene Regierung eine solch verdorbene Milch produziert, ist ganz normal. Ihr könnt nicht entkommen. Denn jetzt gibt es Redhack!

PS: Wir haben Euch nicht wirklich gehackt. Was Ihr seht, ist rein psychologisch!«

Eine anonyme, regimekritische Hackergruppe, die sich Redhack nannte, hatte diese Notiz auf den Webseiten hinterlassen. In den sozialen Netzwerken wurden sie für diese Aktion gerühmt, sie wurden die »Robin Hoods der Türkei« genannt. Und für wen waren diese Robin Hoods eingetreten? Gemäß einem »Schulmilchprogramm« sollte kostenlose Milch an Millionen von Schulkindern verteilt werden. Anfangs herrschte rege Begeisterung. Die kleinen Milchtüten schienen ein voller Erfolg für die Regierung zu sein.

Dann gingen erste Meldungen aus zwölf Städten ein. Immer mehr Kinder wurden mit Lebensmittelvergiftung in Krankenhäuser eingeliefert. Als Journalisten sich die Schreckensmeldungen bestätigen lassen wollten, reagierten einige Bürgermeister mit einer recht interessanten Theorie: »Die Kinder sind nicht vergiftet. Das Ganze ist rein psychologisch.« Das eben hatte Redhack dazu inspiriert, die Internetseiten »psychologisch« zu hacken. Am Ende des Tages lagen 1193 Kinder im Krankenhaus.

Am nächsten Tag erwarteten die Medien Stellungnahmen, zumindest, was den physischen Zustand der Kinder betraf, und nicht etwa den psychischen. Der Regierungssprecher betrat die Bühne und verkündete: »Es handelt sich nicht um eine Vergiftung. Es könnte allerdings eine Überdosis gewesen sein. Das ist unter bestimmten Umständen möglich, wenn Milch zum ersten Mal konsumiert wird.« Obwohl die Stellungnahme nur drei Sätze umfasste, lieferte ihr Inhalt genügend Material, um eine Flut von herben Witzen und noch mehr Empörung auszulösen. Man debattierte in den sozialen Netzwerken, was skandalöser war: eine Behörde, die erklärte, dass Kinder eine »Überdosis« an Milch zu sich genommen hatten, oder die Erkenntnis, dass Tausende Kinder in der Grundschule zum ersten Mal in ihrem Leben Bekanntschaft mit Milch machten?

In jenen Tagen hielt Ministerpräsident Erdoğan auf einem Treffen der Jugendorganisation seiner Partei eine extrem spannende Rede. Ein Satz darin war besonders denkwürdig. Er sagte: »Ich will eine Jugend, die an ihrer Religion festhält und an ihrem Hass!« Eine neue Generation, die sich nach dem Konsum von verdorbener Milch gegen ihn verschwor, wünschte er sich dagegen wohl kaum.

»Eine Generation, die an ihrem Hass festhält«, wuchs heran, der Graben zwischen *uns* und *ihnen* wurde zusehends tiefer. Aber langsam trat deutlich zutage, dass nicht säkulares oder religiöses Empfinden die Gesellschaft spaltete, sondern Gehorsam.

Ansonsten würde İhsan Eliaçık, der den Koran ins Türkische neu übertragen hat und ein respektierter Islamgelehrter ist, nicht zu den unerwünschten Personen dieser Epoche gehören. Wenn İhsan Eliaçık alljährlich während des Ramadans mit einigen islamischen Publizisten abends zu einer Veranstaltung gegen die »Gier und Gewissenlosigkeit« einlädt, tritt glasklar zutage, dass die Trennung nichts mit der Religion, sondern mit Parteigehorsam zu tun hat. Während AKP-Anhänger das Fastenbrechen in Fünfsternehotels zelebrieren und Eliaçık die Straße vor jenen Hotels wählt, um mit Obdachlosen und weltoffenen Menschen auf dem Boden sitzend das Fasten zu brechen, bezeichnet *die an ihrer Wut und ihrem Hass festhaltende* AKP-Jugend den Religionsgelehrten als »gottlos«, weil er ihre Party kritisiert.

Die Dubaiisierung der Türkei

Beenden wir unseren zunehmend bedrückenden Mrs-Dallo-way-Lauf mit einem Blick auf die Reklametafeln für Wohn-komplexe. Diese Gebäude wurden nicht nur als Monumente der Trennung zwischen *uns* und *ihnen* hochgezogen. Sie ragen gleichzeitig als Zeichen des AKP-Projekts einer »neuen Tür-kei« in den Himmel. Denn was sich in der Türkei vollzieht, ist nicht nur ein Prozess der Islamisierung, sondern vor allem der Dubaiisierung.

Die türkische Regierung liebt Shopping-Center. Sie liebt sie nicht nur als glitzernde Indikatoren einer florierenden Wirtschaft, sondern weil sie meint, die Eröffnung neuer Ein-kaufszentren löse auf magische Weise die politischen und ge-sellschaftlichen Probleme des Landes. In den letzten zehn Jah-ren sind im ganzen Land Shopping-Center wie Pilze aus dem Boden geschossen. Mit ihren blinkenden Außenfassaden und der Dauerbeschallung durch laute Musik sind sie die heiligen Kultstätten des Kapitalismus. Doch nicht nur das. Wie überall auf dem Planeten schaffen Shopping-Malls einen neuen Men-schen, ein zwischen den Geschäften schwebendes Geschöpf. Eine Art, die nicht unbedingt konsumiert, sondern ihre Zeit, ihr Leben mit der Betrachtung von Konsum verbringt. Da die Mehrheit der Gesellschaft sich die dargebotenen Waren nicht leisten kann, geht sie hin, um andere beim Konsum zu beob-achten und um »dort« zu sein, in der wärmenden Nähe des Wohlstands. Insbesondere die Jugend, Jungen und Mädchen aus den Armenvierteln der Städte, bilden Gruppen und orga-nisieren gleichsam touristische Tagesausflüge in das glitzernde Leben der Oberschicht. Die Shopping-Malls fungieren nicht nur als eine neue Form der Agora – in dieser »modernen« Version kann man wegen der Lautstärke der Musik und dem endlosen Echo der Geräusche ohnehin nicht reden –, sondern geben den Besuchern auch das gewisse Gefühl der Sicherheit einer abgeschiedenen Gemeinschaft. Während die Straßen konservativer und unsicherer werden, erscheinen Einkaufspaläste wie ein Paralleluniversum, in dem alles hygienischer und weniger angespannt ist. Hier können sich die Menschen als Reiche tarnen – so auch das Verkaufspersonal, das meistens nur den Mindestlohn verdient. Durch die Freiheit zu konsumieren oder die Illusion des Konsums fühlen sich die Menschen »frei«, wie man mir einmal sagte, als ich die mittellosen Wanderer durch die Einkaufszentren interviewte. Eine neue menschliche Spezies wird hier herangezüchtet. Stumm vor Schreck angesichts der endlosen Auslagen und süchtig nach dem Glitzer. Genauso wie in Dubai.

Der Ministerpräsident und die AKP-Funktionäre definieren Einkaufszentren als Zeichen eines prosperierenden Landes. Wenn Sie diese Parallelwelt nicht besuchen oder wenn Ihnen die Freiheit zu konsumieren oder die Illusion des Konsums suspekt ist, dann stimmt etwas mit Ihnen nicht. So werden Sie zum Außenseiter. »Kommt in unser ganz persönliches Dubai«, sagt die Regierung. »Bei Gott, was wollt ihr mehr?« Die Schaffung von Parallelwelten in konservativen Gesellschaften ist in den Golfstaaten immens. Nun hält diese Entwicklung, die Dubaiisierung der Gesellschaft, auch Einzug in die Türkei. Auf den ersten Blick scheint die Invasion staatlich subventionierter Einkaufszentren ein Produkt einer begrenzten sozialen Projektion zu sein. Doch bei genauerem Hinsehen handelt es sich um ein wohldurchdachtes gesellschaftliches Projekt: Das Individuum soll in ein Wesen verwandelt werden, das den braven Konsum einer Gesellschaft mit konservativen Werten auf seinen Schultern trägt. Es ist der Traum vom »kleinen muslimischen China«, der Traum eines Landes, von dem man einstmals erwartete, ein »kleines Amerika« zu werden.

Mit der Dubaiisierung sollten die Menschen von öffentlichen Plätzen weg und in Gebäude gelockt und die Straße ihrer Eigenschaft als politischer und sozialer Raum beraubt werden. Es ist also kein Zufall, dass die Gezi-Proteste sich an den Bäumen entzündeten, die am Taksimplatz für den Bau eines Einkaufszentrums abgeholzt wurden. Gezi richtete sich gegen dieses gigantische Gesellschaftsprojekt, das nicht nur die Städte, sondern auch die Vorstellungskraft des Einzelnen neu zu gestalten trachtete.

Die Stunde des »Hoch lebe unser Sultan!«

Nachdem ich nun die Hälfte meiner Joggingstrecke zurückgelegt habe, bleiben auf dem Weg in den Stadtteil Bebek noch die Reklametafeln für das Staatsfernsehen. Auch sie stehen im Zusammenhang mit Didem Yaylalıs Selbstmord. Heute, an diesem ganz normalen Tag in meinem Leben, gibt es noch viel zu tun und zu erzählen.

Auf den Filmplakaten tummeln sich jede Menge Osmanen. Sultane, Paschas, junge verwegene Burschen. Sie sind gepflegt, ihre Blicke tief, als hätte sich ein geistiges Ideal ihrer bemächtigt. Auch die Namen der Serien klingen merkwürdig: *Auferstehung*, *Zeitenwende*, *Der Eroberer* … Schöne Frauen, die beten, und hässliche Frauen, die nicht beten. Mammutproduktionen für das staatliche Fernsehen. Die Geschmacklosigkeit und die plumpe Deutlichkeit ihrer Botschaft zeigen klar, dass es weniger um Kunst oder Vergnügen geht als vielmehr um »pädagogische Ziele«. Die Aufgabe dieser vom Kulturministerium geförderten Filme ist es, unser Volk psychologisch auf die »neue Türkei« vorzubereiten. Sie propagieren eine ländliche, konservative Ästhetik gegen den städtischen, mittelständischen und säkularen Lebensstil. Besonders hervorgetan hat sich auf diesem Gebiet der legendäre Bürgermeister von Ankara, Melih

Gökçek. Als er 1994 Bürgermeister der Hauptstadt wurde, ließ er als erste Amtshandlung eine Frauenstatue entfernen, weil die Brust zu sehen war. Mit einem Aphorismus ging er schon damals in die Geschichte der Ästethik ein: »Auf solche Kunst spucke ich!« Im Jahr 2015 ist er noch immer Bürgermeister. Die Statuen, die er entfernen ließ, ersetzte er mit der Zeit durch neue, wie etwa eine Dinosaurierstatue.

Zu seinen Leidenschaften gehört außerdem, Ankara mit Uhren auszustatten. Das letzte Glied, das sich einfügt in die Kette aus riesigen Plastikfußballern, an der Stadteinfahrt aufgestellten Zeichentrickhelden, überdimensionalen Teekesseln, künstlichen Wasserfällen aus Gips und Unterführungen im Marmorgewand türkischer Hamams. Eine Tour durch Ankara wird so zum perfekten Start einer Reise in den unvorstellbaren Seelenzustand der Türkei. In seinem Roman *Das Uhrenstellinstitut*, der von der Krise der Modernisierung in der Türkei handelt, beschrieb Ahmet Hamdi Tanpınar bereits Anfang der fünfziger Jahre anhand eines von ihm erfundenen Instituts, dessen einzige Aufgabe es war, die Uhren zu stellen, was uns widerfahren sollte: »Realist zu sein bedeutet nicht etwa, die Wirklichkeit so zu sehen, wie sie ist, sondern vielmehr herauszufinden, wie mit ihr am besten auszukommen ist.«

Wie der Bürgermeister von Ankara hatte jedes AKP-Mitglied »seinen Bezug zur Realität« korrekt definiert und diese »Realität« bis ins Detail verstanden, dass nämlich einzig und allein der Ministerpräsident, der »Boss«, zufriedenzustellen und alles andere unwichtig sei.

So wie die AKP-Anhänger, die sich am 30. März 2014, wieder nach einer Wahl, zur Balkonrede versammelten. Sie wussten, dass sie ihre Uhren nach der »Regierung« zu stellen hatten.

Vor jenen Kommunalwahlen, aus denen die AKP wieder als Siegerin hervorging, waren in der Türkei zwei Kinder zu Grabe getragen worden. Ece Su war fünf Jahre alt. Gerade als ihre

Mutter mit ihrem Wagen auf die Autofähre auffahren wollte, setzte sich die Fähre in Bewegung, und Ece Su ertrank. Benutzer der sozialen Netzwerke, die sich des Themas annahmen und eine Untersuchung forderten, wurden von regierungsnahen Kräften unter Beschuss genommen.

»Was wollt ihr?«, wurde misstrauisch gefragt. »Ihr wollt provozieren«, lautete wie stets der Vorwurf. Einige äußerten sogar: »Das Kind litt an Leukämie, es wäre sowieso gestorben.« Die Debatte führte ins Uferlose, niemand fragte mehr, wer die Verantwortung trug für Eces Tod.

Der zweite Fall ging um die ganze Welt. Während der Gezi-Proteste wurde der vierzehnjährige Berkin Elvan von einer Tränengaspatrone getroffen. Er lag viele Monate im Koma und starb im Alter von fünfzehn Jahren. Millionen Menschen gingen in den Städten auf die Straße und forderten: »Wir wollen keine Kinder beerdigen. Stoppt die Polizeigewalt!«, nur um selbst Opfer dieser Gewalt zu werden.

Beide Todesfälle ereigneten sich vor der Wahl. Die Wahl fand statt, gefolgt von der Balkonrede des Ministerpräsidenten. Seine Worte waren erschreckend. »Wir sind im Krieg mit Syrien«, sagte er plötzlich. Obwohl wir alle staunten, weil wir das nicht wussten, drohte er, »in die Nester derer vorzudringen«, die eine »Verschwörung« gegen ihn planten. Der Ministerpräsident rief damit eindeutig zur Mobilmachung auf, und zwar nicht gegen Syrien, sondern gegen seine Gegner. Auf jeden seiner zornigen Sätze antworteten seine Anhänger mit der Parole: »Hoch lebe unser Sultan!«

Es waren die Tage, in denen die Stimmen seltsamerweise nicht definitiv ausgezählt werden konnten und der ernsthafte Verdacht des Wahlbetrugs in der Luft lag. Ein Teil der Opposition betrieb Rückzug in den Zynismus: »Ab sofort sollte es keine Wahlen mehr geben, sie verursachen nur unnötige Ausgaben.« Die militanten AKP-Anhänger waren durch vor der

Wahl im Internet kursierende Veruntreuungsvorwürfe ein wenig stiller geworden, doch mit der Verkündung des Wahlsiegs erwachten sie noch vor der endgültigen Stimmauszählung zu neuem Mut. Unter den Oppositionellen wurde die hin und wieder gestellte Frage »Bereiten sie einen Bürgerkrieg vor?« zunehmend lauter.

Genau in dieser Zeit, als sich über die Türkei eine düstere Wolke der Hilflosigkeit senkte, die aus dem Gefühl entstand, dass Gewissen, Recht und Moral in der Gesellschaft für immer verloren waren, tauchte auf Twitter eine an sich völlig unpolitische Nachricht auf. Der dreieinhalbjährige Pamir war nach seinem Mittagsschlaf spurlos verschwunden, ein weiterer Fall, der Aufsehen erregte. Als riefe die Türkei: »Wir ertragen kein weiteres Kinderbegräbnis!«

Es dauerte nicht lange, da verkündeten Hunderte AKP-Anhänger, das Ganze sei eine Verschwörung. Der Junge sei Alevit, und *sie* würden Pamir nur benutzen, eine Provokation, um weitere Aktionen ins Rollen zu bringen. Die AKP-Anhänger schürten die Wut gegen Pamirs Familie. Die an der Suchaktion Beteiligten stellten die Frage, die bereits Adorno, Freud und Arendt formuliert hatten: »Was macht Menschen so böse?«

Nicht mehr der Wahlbetrug noch die Veruntreuung von Geldern, noch politische Massenprozesse gegen die Meinungsfreiheit beschäftigten nun die Regierungskritiker, sondern nur noch eine Frage: Wohin führen das Böse, Wut, Hass, Ausgrenzung und Feindbildung? Wer dem Ministerpräsidenten vor sieben Jahren bei seiner Balkonrede noch »als schmückendes Beiwerk« gegolten hatte, wurde nun als Abschaum der Gesellschaft stigmatisiert. »Tut, was ihr könnt!«, forderte er seine zornigen Anhänger auf.

Jeder, der die ungebremste Wut der »Hoch lebe unser Sultan!« schreienden Menge sah, begriff nur allzu gut, wonach er seine Uhren zu stellen hatte. Fernsehleute, Kommunalpolitiker, Journalisten und der kleine Mann auf der Straße wussten, dass man den »Sultan« nicht infrage zu stellen hatte. Die Fernsehserien würden einem schon beibringen, wie das neue Sultanat aussehen würde.

Im Verlauf der Menschheitsgeschichte hat uns in verschiedensten Sprachen dieselbe Frage immer wieder beschäftigt und wird wohl bis zum Aussterben des Homo sapiens so manch einen von uns mit leidvollem Staunen um den Verstand bringen: »Wie kommt es, dass Menschen nicht in einem humaneren System leben wollen?«

Mit diesen kleinen urmenschlichen Fragen forscht man nach der Ursache für Tausende von Toten und Millionen zugrunde gerichteter Leben, von Scheich Bedreddin, dem kurdischen Gelehrten und Rebellen, der 1420 gehängt wurde, über Mustafa Suphi, den ersten politischen Mord in der Geschichte der Republik Türkei, begangen von ihren Gründungsvätern, bis hin zu Berkin Elvan, dem Opfer einer von einem »unbekannten Polizisten« abgefeuerten Tränengaspatrone. Die Frage mag zunächst kindisch erscheinen: »Wie kommt es, dass Menschen die Unterdrückung dem Widerstand vorziehen?« Oder anders: »Wieso huldigen und dienen Menschen ihren Unterdrückern?«

Der Mensch erwartet von dem Menschen stets das Schönste, das Richtige, das, was des Menschen würdig ist. Vor allem in schweren Zeiten. Dabei greifen Kinder, die Unrecht erfahren und genügend geschlagen worden sind, andere Kinder an.

Wenn der Mensch bei einem Schlag automatisch reagieren, auf Druck reflexartig widerstehen würde … Oh! Was für ein herrlicher Traum! Doch wer sich über die oben genannten Fragen den Kopf zerbricht, dem steht eine große Aufgabe bevor. Sie besteht darin, Menschen davon zu überzeugen, einen bisher nie völlig wahr gewordenen Traum in die Tat umzusetzen. Wir können das Paradies auf Erden schaffen! Dieser Vision wegen wurden im Laufe der Geschichte die wertvollsten Exemplare der menschlichen Gattung von ihren wertlosesten Artgenossen getötet, weil diese glaubten, jener Traum sei nichts weiter als pure Phantasie. Wer an Brüderlichkeit glaubte, den erklärten die Anbeter der Macht fast ausnahmslos zum »Volksfeind«. Diese Anschuldigung war und ist die größte, aber überzeugendste Lüge der Welt. Die Beschuldigten verharrten in leidvollem Staunen und grübeln wie Didem Yaylalı über die Frage: »Wie ist das möglich?«

Wie konnte der Ministerpräsident trotz all der toten Kinder und der Veruntreuungen derart mächtig werden und seine Position wahren? Der Netzwerker Ozan Tüzün ist einer, der sich mit dieser Frage befasst und 2013 eine interessante Entdeckung machte. Er fand heraus, welche Methode Tayyip Bey anwendet, um trotz aller Anschuldigungen mit blütenweißer Weste dazustehen und die Bevölkerung trotz all seiner Macht glauben zu machen, er sei das Opfer:

»Tayyip Erdoğan verfügt über einen Algorithmus, den er mit den Jahren perfektioniert hat und den er bei der Beantwortung aller Fragen anwendet. Dieser Algorithmus besteht aus mehreren Schritten. Wenn Erdoğan Zeit hat, wendet er sie alle an (von 1 bis 8), wenn die Zeit knapp ist, benutzt er nur einige (in der Regel 1 und 3 und 6).

Lassen Sie mich das System anhand eines Beispiels erklären. Kehren wir in Erdoğans Kindheit zurück und nehmen an, er hätte eine Vase zerbrochen. Tayyip ist allein zu Hause, seine Mutter kommt heim und findet die zerbrochene Vase.

Die Mutter: ›Tayyip! Hast du die Vase kaputt gemacht?‹

Schritt 1: Formuliere den Fehler so um, dass der Fehler kein Fehler mehr ist, sondern als etwas Gutes erscheint:

›Ich habe die Vase nicht zerbrochen, ich habe sie in ihre Teile zerlegt und so angeordnet, dass man sie neu formen kann.‹ Anwendungbeispiele dieser Technik in der realen Welt sehen folgendermaßen aus: ›Wir beschädigen die Bäume nicht, wir graben sie nur aus und bringen sie weg.‹ – ›Wir verbieten den Alkohol nicht, wir regulieren nur den Genuss.‹

Schritt 2: Überzeuge dein Gegenüber, dass du der letzte Mensch auf der Welt bist, der diesen Fehler/diese Straftat begehen würde: ›Warum sollte ich die Vase kaputt machen wollen? Ich bin selbst die Vase. Ich bin der Inbegriff dieser Vase. Als die Vase gekauft wurde, war ich derjenige, der sie auf seinen Schultern vier Stockwerke hinaufgetragen hat, 98 Stufen, um die exakte Zahl zu nennen. Ich war es, der vorschlug, die Vase wegzupacken, damit sie nicht ausbleicht; ich verhänge sie mit einem Tuch, wenn meine Freunde kommen, damit niemand neidisch wird, und um sie vor dem bösen Blick zu schützen. Ich bin der größte Verfechter der Vase, warum sollte ich sie kaputt machen wollen?‹ Anwendungsbeispiele dieser Technik in der realen Welt sehen folgendermaßen aus: ›Warum sollten wir Bäume abholzen wollen? Wir haben exakt drei Quadrillionen Bäume gepflanzt.‹ – ›Warum sollten wir Druck auf die Justiz ausüben? Wir haben doch die größten Justizpaläste errichtet und den Juristen die besten Arbeitsbedingungen in der Geschichte der Republik geschaffen.‹

Schritt 3: Schmälere die Bedeutung des jeweiligen Sachverhalts, stelle ihn als normal dar und erläutere anhand von Beispielen, dass die Tat noch viel heftiger hätte ausfallen können. ›Außerdem verstehe ich gar nicht, warum du so heftig reagierst, wenn ich die Vase neu gestalte. Die Vase ist ein ausgedienter Dekorationsgegenstand, wie man ihn eher in ehemaligen kommunistischen Ländern verwendete. Schau nach England, nach Amerika, hat man da zu Hause solche Vasen? Siehst du welche in Filmen? Siehst du welche in modernen Haushalten? Eine Vase ist ein barockes Ding. Hat die Vase in der modernen Welt noch einen Platz? Nein! Deine Reaktion ist nicht zu begreifen. Ich meine, wir haben sogar zu lange gewartet mit der Umgestaltung der Vase.‹ Anwendungsbeispiele dieser Technik in der realen Welt sehen folgendermaßen aus: ›Der Alkoholkonsum wird doch nicht nur bei uns reguliert. Das ist doch keine Erfindung von uns. Sehen Sie sich die skandinavischen Länder an, oder Frankreich und England! Überall existieren viel weitreichendere Einschränkungen. Wir stehen mit den Regulierungen erst am Anfang.‹

Schritt 4: Erdrücke dein Gegenüber mit deiner Zärtlichkeit und deinem Anstand. Erkläre, dass du, hättest du es gewollt, es durchaus gekonnt hättest. ›Jetzt kommst du mit solchen Anschuldigungen, aber wenn ich gewollt hätte, hätte ich die Vase schon längst zerbrochen. Ich bin jeden Tag zu Hause, allein mit der Vase. Wenn ich eine so feindliche Gesinnung habe, warum habe ich sie dann nicht längst zerbrochen? Wenn ich gewollt hätte, hätte ich sie kaputt gemacht, ja sogar verschwinden lassen. Aber das habe ich nicht. Ich habe es nicht getan, auch wenn ich nicht immer einer Meinung mit der Vase bin, denn ich respektiere deine Gedanken. Das Recht der Menschen, die Vase zu lieben, ist für mich heilig. Ich liebe die Vase nicht um ihrer selbst willen, sondern weil unser Schöpfer sie geschaffen hat.‹ Anwendungsbeispiele dieser Technik in der realen Welt sehen folgendermaßen aus (diese Methode verwendet nicht nur Erdoğan, sondern eigentlich die gesamte Partei): ›Wenn wir gewollt hätten, hätten wir während der Gezi-Proteste das Internet blockiert, aber das haben wir nicht.‹ – ›Wir hätten euch mit links erledigen können, aber verdammt, wir sind Demo-kraten.‹

Schritt 5: Lass keine Frage unbeantwortet. Beginne deine Antwort mit ›Nehmen wir einmal an, Sie hätten recht‹. Akzeptiere diese Wahrscheinlichkeit und zeige, dass du verantwortungsvoll mit ihr umgehst. ›Nehmen wir an, du hättest recht, und der Vase ist das passiert, was du gesagt hast. Ist das ein Zeichen dafür, dass alles meinetwegen passiert? Vielleicht war Durchzug, oder die Katze hat sie heruntergeworfen. Um die Wahrheit herauszufinden, habe ich dem Nachbarssohn Mustafa die notwendigen Anweisungen gegeben. Er wird in Erfahrung bringen, wie hoch die Windgeschwindigkeit gestern war, er wird das Verhalten der Katze studieren und mir Bericht erstatten. Sollte ich feststellen, dass es ihr Fehler war, werde ich die Katze eigenhändig bestrafen. Ich werde die Fenster persönlich reparieren. Ich kümmere mich um alles und werde alles für unser schönes Zuhause tun.‹ Anwendungsbeispiele dieser Technik in der realen Welt sehen folgendermaßen aus: ›Es stimmt, es gibt Beschwerden über den exzessiven Tränengaseinsatz der Polizei während der Gezi-Proteste. Ich habe die notwendigen Anweisungen für entsprechende Untersuchungen gegeben. Sollte es so etwas gegeben haben, werden Ermittlungen durchgeführt und die nötigen Schritte eingeleitet. So etwas können und wollen wir nicht erlauben.‹

Schritt 6: Stelle die Aufrichtigkeit des Fragenden infrage. ›Da gäbe es noch einen Aspekt. Die Vase im Wohnzimmer ist sicher nicht die erste auf der Welt, die umgestaltet wird. Wenn du beim Thema Vasen schon so empfindlich bist, warum hast du dann nicht reagiert, als der Nachbarssohn unten nicht nur eine, sondern gleich zwei Vasen zerbrochen hat? Wo warst du da? Oder warum hast du nicht zusammen mit Tante Ayşe Tränen vergossen, als beim Umzug ihr Porzellan zu Bruch ging? Bei der Sache mit der Vase geht es doch nicht etwa um mich? Steckt vielleicht etwas ganz anderes dahinter, und die Vase ist nur ein Vorwand?‹ Anwendungsbeispiele dieser Technik in der realen Welt sehen folgendermaßen aus: ›Wenn ihr Bäume so sehr liebt, wo wart ihr dann, als ich mich abstrampelte, damit kein Universitätsgebäude in ein Waldgebiet gebaut wird? Wo waren da die Demonstranten?‹

Schritt 7: Du hast deine Haut gerettet, dich gut präsentiert. Benutze nun diesen Vorteil, um deinen Gegner schlecht aussehen zu lassen. ›Eine Vase zu zerbrechen ist etwas, das mein kleiner Bruder Ali machen würde. Der macht so was. Wer hat denn letztes Jahr die Scheibe des Glasschranks kaputt gemacht und, als er klein war, mit dem Ball auf Papas Plattenspieler geschossen? Ali. Nur jemand wie er zerbricht eine Vase. Und da steckt Folgendes dahinter, ich sage es dir. Demnächst wird Papa das Taschengeld festlegen, und da Ali mir in der Schule das Wasser nicht reichen kann, will er mich auf diese Art mit Dreck bewerfen. Papa sieht das schon. Er wird sich richtig entscheiden, da bin ich ganz beruhigt. Ich rede ja oft mit ihm.‹ Anwendungsbeispiele dieser Technik in der realen Welt sehen folgendermaßen aus: ›Diese Demonstrationen und das ganze Chaos sind alles Produkte des CHP-Geistes. Die CHPler stecken hinter allem. Die Wahl steht bevor, und so wollen sie uns angreifen. Sie versuchen Chaos zu erzeugen, indem sie Randgruppen organisieren und eine Handvoll Randalemacher provozieren. Aber wir kennen unser Volk, es schenkt ihnen kein Gehör. Das Volk sieht alles.‹

Schritt 8: Das Thema ist beendet, die Antwort wurde gegeben. Verlasse das Gespräch in genau diesem Moment und nutze ihn, um dich und deine Taten zu loben. ›Für mich sind das alles Lappalien, Mama. Ich kümmere mich um meine Angelegenheiten. Sieh mal, in den zwei Jahren Mittelschule war ich immer der Fleißigste in meiner Klasse. Alle nehmen sich ein Beispiel an mir, die Mütter der anderen Kinder sagen zu ihren Söhnen, Junge, werde so wie Tayyip. Religion 1, Sport 1, Mathe 1. Ich habe mich immer bemüht, ein guter Junge zu sein, unsere Familie, wie auch Papa sagt, mit Gottes Hilfe zur Vorzeigefamilie im Haus zu machen, und werde mich auch in Zukunft immer bemühen.‹«

Dieses rhetorische Abrakadabra gehört also zum politischen Alltag. »Hoch lebe unser Sultan!«, hat aber vor allem auch mit unserem täglichen Brot zu tun. Sultan wird man nicht über den Weg durch die Gehirne der Menschen, sondern durch ihre Mägen. Anfang der zweitausender Jahre integrierte sich das Netz um Fethullah Gülens Gemeinde in die lokalen AKP-Parteiverbände. Man versprach der durch die strengen Auflagen des IWF verarmten Bevölkerung Brot und gab ihr Hoffnung; unter dem Namen »Wohlfahrt« wurde »dem Armen die Hand gereicht«. Mit Geld, dessen Herkunft noch heute unbekannt ist, kaufte man die Stimme des Wählers mit einem Paket Bulgur, einem Päckchen Mehl und einer Flasche Öl. Es entwickelte sich eine Almosengesellschaft, und wie in allen Almosengesellschaften war das Schicksal eines jeden abhängig von der Gnade einer »wohltätigen Hand«. Der Islamgelehrte İhsan Eliaçık sollte später sagen: »Nach meinen Berechnungen sind mindestens einhunderttausend Menschen existenziell völlig von Tayyip Bey abhängig.« Tatsächlich war der Verbleib der AKP an der Regierung Voraussetzung für das Leben von Millionen von Menschen. Daher hatte es für sie eigentlich keine Bedeutung, ob das Abrakadabra dilettantisch war; sie mussten dem »Boss« jedes Wort glauben, um zu überleben. In einer von Almosen abhängigen Gesellschaft ist der Entzug der »wohltätigen Hand« eine grausame Vorstellung, und wer diese Hand ablehnte und sich diesem System nicht anschloss, sollte wie Didem Yaylalı bestraft werden.

Mein ausgiebiger Lauf ist beinahe zu Ende. Aber was ist das? Mitten auf dem Bürgersteig fünf Frauen auf Fahrrädern. Sie blockieren den ganzen Gehweg. Ich mache eine ärgerliche Geste, sie fahren mich beinahe über den Haufen. Ich bin sauer. Wahrscheinlich mokieren sie sich jetzt darüber, dass Ece Hanım, eine Frau in Leggings, sich über Frauen ärgert, die im eleganten und säkularen Bebek mit Kopftüchern unterwegs sind. Dabei habe ich mich doch nur an ihrem rüpelhaften Verhalten gestört. Ach, es ist kompliziert, der lange Lauf ist noch nicht vorbei ... Aber wie haben die Frauen mich überhaupt erkannt? Und warum gehen sie davon aus, dass mich ihre Kopftücher stören? Das hat eine Vorgeschichte.

Die blutigste Front der Gesellschaftsprojekte

»Wer wird noch an der Diskussionsrunde teilnehmen?«

»Wir haben noch niemanden gefunden. Wir suchen eine Kopftuch tragende Schriftstellerin oder Journalistin.« – Ich kann mich nicht erinnern, wie oft ich seit Beginn der zweitausender Jahre bei Einladungen zu Fernsehsendungen auf meine Frage diese Antwort bekommen habe. Ab 2007, der zweiten Legislaturperiode der AKP, hieß es auch in Zeitungsredaktionen immer häufiger: »Wir müssen eine Kolumnistin mit Kopftuch finden. Wen gibt es denn da so?«

Zeitungen und Fernsehsender wussten nur zu gut, dass sie ihre Vitrinen mit Figuren ausstaffieren mussten, die dem Gesellschaftsprojekt der immer stärker werdenden Regierung entsprachen. Natürlich passte da nicht jede Frau mit Kopftuch, auch wer hier zu laut seine Meinung sagte, wurde einfach an den Rand gedrängt. Stattdessen tauchten in Zeitungen, Fernsehsendern und später auch im Parlament zunehmend von der Regierung und deren Befürwortern sorgfältig ausgesuchte Kopftuchträgerinnen auf. Frauen mit Kopftuch wurden an die Front gezerrt, um das frühere Gesellschaftsprojekt der Modernität auszuhebeln. Auf den Bildschirmen und in den Zeitungen inszenierte man einen »Zickenkrieg« zwischen Frauen mit und ohne Kopftuch. Alle liebten diese Frauenduelle. Es war entwürdigend. Egal bei welchem Thema, immer bot sich folgendes Bild: Frau mit Kopftuch gegen Frau ohne Kopftuch! Wer haut wen in die Pfanne? Die laizistische Türkei die konservative »neue Türkei« oder umgekehrt?

Ich muss leider gestehen, dass ich an einigen dieser Shows teilgenommen habe. Ich war mehrere Jahre in Folge zur »meistgelesenen Kolumnistin« gewählt worden und deswegen ein gefragtes Gesicht bei diesen inszenierten Gefechten. Außerdem repräsentierte ich wohl auch alles, was ausgehebelt werden sollte: Ich bin jung, Feministin, demokratische Sozialistin, eine Frau, die sich nicht dem Verhaltenskodex unterwirft, wie Frauen in der Öffentlichkeit aufzutreten haben, die sich nicht sanft ausdrückt wie manierliche Frauen, die sich mit der Kurden- und der Armenierfrage beschäftigt, die keinem politischen Lager angehört, aber auch dem unter der AKP-Regierung für heilig erklärten Mythos des Konsens nicht folgt, die im Ausland die eigene Regierung kritisiert usw. usw.

Den wichtigsten Punkt habe ich vergessen: Ich gehöre nicht zu den Publizisten, die sich in den Anfangsjahren der AKP-Regierung in den Chor einreihten, um bei dem Lied mitzusingen: »Endlich kommt die Demokratie in die Türkei.« Es gab also genug Gründe, mein Gesicht im Gedächtnis zu behalten. Zu gegebener Zeit wurde ich dann als eine der ersten Journalistinnen von einer der großen Zeitungen vor die Tür gesetzt. Ursache dafür war nicht das fehlende Kopftuch oder einer der oben genannten Gründe. Ich hatte einfach zur falschen Zeit das Falsche gesagt. In Roboski an der türkisch-irakischen Grenze waren vierunddreißig Menschen, davon neunzehn Kinder, als vermeintliche Terroristen von Flugzeugen der türkischen Luftwaffe bombardiert und getötet worden. Nach diesem Vorfall gab es keinerlei Stellungnahme seitens des Ministerpräsidenten, schlimmer noch, der gesamten Presse wurde ein Maulkorb verpasst. Daraufhin schrieb ich am Silvestertag 2011:

»Schon klar, ihr tötet Kinder, und wir sollen die Klappe halten nach dem Motto: *Sie werden schon wissen warum.* Ihr werft Bomben auf Menschen, und wir laden sie still auf Eselsrücken und tragen sie zu Grabe; ihr benutzt Millionen Dollar teure Bomben, um uns zu töten, und wir tragen unsere Toten auf unseren eigenen Schultern von schneebedeckten Bergen herab. Noch bevor wir unser Trauerzelt aufbauen können, noch bevor das erste Klagelied ertönt, noch bevor wir trauern können, ruft ihr ›Husch, husch!‹ und verlangt, dass wir uns nach Hause verziehen, Nüsse knabbernd fernsehen, verdummen, uns in Luft auflösen, still und leise irgendwo sterben, beim Sterben keinen Ton von uns geben, keine Spuren hinterlassen, die euch hinterher Probleme bereiten könnten.
Schon klar, wenn ein Erdbeben unsere Häuser über unseren Köpfen einstürzen lässt und ihr uns bei Eiseskälte in Nylonzelte steckt, wollt ihr vor uns treten und grinsend sagen: ›Menschenskinder, ihr lebt doch in Palästen!‹ Ihr wollt, dass wir unsere Köpfe einziehen, kein bisschen frieren, ohne eine Träne die nie getragenen Schühchen unserer erfrorenen Babys verkaufen, vom Erlös Nüsse kaufen

und sie vor dem Fernseher knabbern, verdummen, eines Nachts im Schlaf erfrieren, still und leise sterben, euch keine weiteren Schwierigkeiten machen, auf einen Grabstein verzichten, damit der Anblick euch nicht betrübt.

Schon klar, ihr wollt, dass keiner weiß, was mit dem anderen passiert, und keiner sich die Sorgen des anderen zu eigen macht; dass alle, die laut sagen wollen, was passiert, die sich Sorgen machen um ihre Heimat, wütende Professoren, Gewerkschafter, Juristen und wer uns sonst noch daran hindert, ›groß zu denken‹, ab sofort in Gefängnissen leben. Ihr wollt ihnen das Schreibzeug wegnehmen und ihnen dafür zu essen geben, auf dass sie wie Tiere stumm dahinvegetieren bis ans Ende ihrer Tage. Und wir sollen uns um all das nicht scheren, friedlich wie die Schweine vor uns hinleben mit unseren Nüssen und unseren Fernsehern. Währenddessen schneidet ihr sorglos die roten Bänder eurer neuen ›Projekte‹ durch. Alles, was ihr wollt, sind rote Bänder, Applaus, Luftballons und Nüsse.

Schon klar, mal sagt ihr hü und dann wieder hott; erst sagt ihr Frieden, dann Krieg, dann wieder Frieden, dann wieder Krieg; zwischendurch redet ihr von Versöhnung, dann wieder von Feindschaft, was euch eben gerade so in den Sinn kommt. Und wir sollen jeden Tag unser Gedächtnis neu formatieren, damit unser Kopf jeden Morgen leer ist, blank wie ein Spiegel, wir sollen keinerlei Überlegungen anstellen; was immer ihr morgens sagt, soll für uns das erste Wort sein, und auch das letzte Wort gehört euch. Wir sollen nur euch glauben, niemand anderem zuhören. Ihr habt stets recht, und wir sollen dumm dasitzen und sagen: ›Gleich kommt die Balkonrede, die wollen wir uns anhören.‹

Schon klar, ihr veranstaltet Wettbewerbe um den besten Jongleur, wollt uns mit Geheimdienstarbeit und Verschwörungstheorien unsere erst gestern begrabenen Kinder vergessen machen. Ihr entschuldigt euch nie, niemals, um keinen Preis, unsere Kinder dienen euren Kindern zum Spott, unsere Kinder sollen, tot oder lebendig, euren ›großen Gedanken‹ dienen, euer endloser Streit mit Übersee soll stets wichtiger sein als unsere Wut; zwei kaputte Schaufensterscheiben zählen mehr als das Blut unserer Kinder. Ihr wollt unsere Kinder, die Zigaretten schmuggeln müssen, um zu überleben, die gestorben sind, ohne die Schaufenster in Istanbul je gesehen zu haben, die wollt ihr auch, ihr wollt sie nach Belieben benutzen. Und wenn sie sich nicht benutzen lassen, fallt ihr wutentbrannt über uns her, und wir sollen euch mit offenen Armen empfangen.

Schon klar, so wollt ihr es haben. Wir haben das prima gelernt. Du hast es uns beigebracht, wir danken dir! Nun sieh in den Spiegel, Kommandant! Das da bist du! So bist du! Das ist alles, was du bist! Aber nun soll dir klar sein, Kommandant! Wir sind die andere Hälfte dieses Landes. Uns ist klar, was du willst. Und dann sollte dir klar sein, dass das alles ist, was wir dir geben können! Mehr akzeptieren wir nicht! Wir hören dir nicht mehr zu! Du kannst befehlen, so viel du willst! Rede weiter, so lange du willst! Wir hören dir nicht zu!«

Am Neujahrstag 2012 war ich arbeitslos. Der Chefredakteur rief mich an, unser Gespräch dauerte dreißig Sekunden. »Du weißt, warum«, sagte er, und ich antwortete: »Ich weiß.« Stimmt, es war der falsche Zeitpunkt. Die kurdischen Politiker verhielten sich still während der Friedensverhandlungen, deren Rahmen von der Regierung festgelegt wurde. Und die Presse – eine reine Männerdomäne – verhält sich stets still, wenn Frauen geopfert werden.

Wenige Wochen zuvor hatte ich einen Artikel geschrieben, um für meine Kollegin Banu Güven einzutreten, die ebenfalls aus politischen Gründen gefeuert worden war. Einen Artikel zu meiner Verteidigung verfasste die Kolumnistin Nuray Mert, und zwei Wochen später verlor auch sie ihren Job. Eine Zeitschrift brachte Fotos aus unseren glorreichen Zeiten auf die Titelseite. Heute kommt es einem fast lustig vor. Wer die Geschichte nicht kennt, käme nie auf die Idee, dass diese drei überaus selbstbewussten Frauen Opfer sein könnten.

In der Zeit danach war die Arbeitslosigkeit noch das geringste Übel. In den sozialen Netzwerken verbreiteten AKP-Anhänger Lügen über mich. Reiche Tochter, elitär, verwöhnt, ungebildet, verlogen, mit Sympathie für die Armee. Das erste Attribut hätte mir in jenen Tagen eigentlich sehr nützlich sein können. Damals wusste niemand, dass die AKP bezahlte Internet-Trolle beschäftigte, und als ich es aussprach, glaubte mir niemand. Ich war das erste türkische Opfer von Lynchjustiz in der digitalen Welt, später sollte das Gleiche noch vielen anderen widerfahren. Tausende Menschen machten sich über mich lustig, als ich von einem Instrument psychologischer Kriegsführung sprach. Ich hatte gelesen, dass Eskimos, wenn sie jemanden bestrafen wollen, den Betreffenden in ihre Mitte nehmen, mit dem Finger auf ihn zeigen und lachen. In jenen Tagen erfuhr ich am eigenen Leib, wie jener Eskimo sich fühlen muss. Da der Schulterschluss der Intellektuellen mit der AKP damals noch keinen Bruch erfahren hatte, war ich ziemlich allein. Das Schlimmste dabei war, dass ich mich schuldig fühlte, wenn ich davon erzählte, und so geht es mir noch heute. Wie verprügelte Frauen, die Schuld und Scham empfinden. Und so erging es vielen anderen auch. Opfer dieser Art von Lynchjustiz zu sein, ist seit den Gezi-Protesten zum Glück kein Anlass zur Scham mehr, sondern beinahe ein Grund, stolz zu sein. Persönlichkeiten des öffentlichen Lebens ihres Ansehens zu berauben ist heute allerdings nicht mehr so leicht wie früher.

Nun wissen Sie also, woher jene Radfahrerinnen mein Gesicht kennen. Eigentlich hat das Problem weder mit mir noch mit meinem Gesicht zu tun. Das Problem lag vielmehr darin, dass während der Phase, als die AKP ihre Macht ausbaute, die Frauen an der Front der Indikatoren des gesellschaftlichen Lebens als Fußsoldaten eingesetzt wurden. Und Didem Yaylalı war dabei eine der Leidtragenden. Leidtragende des mit Übertreibungen konstruierten Opfertums und des Zorns der Konservativen.

Der AKP gelang es wunderbar, die populärwissenschaftliche Geschichte neu zu schreiben, dass jeder unkritische AKP-Anhänger Ihnen heute eine seltsame Version der Geschichte erzählen wird. Demnach wurde die Türkei bis heute von Linksregierungen gelenkt. Am schlimmsten unterdrückt wurden die »Religiösen«. Opfer des Putsches von 1980 waren nicht etwa Tausende schwer gefolterte linke Jugendliche, sondern die Muslime. Für diejenigen, die daran zweifeln, hält man das rhetorische Abrakadabra parat: Es stimmt, dass Menschen erschlagen wurden, weil sie im Ramadan nicht fasteten, aber was sagt ihr zu jungen Frauen, die wegen ihres Kopftuchs nicht auf die Universität gehen konnten?

Leider sind in dieser gesellschaftlichen Auseinandersetzung die Frauen die auffälligsten Mitspieler, weil sie durch das Vorhandensein oder Fehlen des Attributs auf ihrem Kopf leicht zu erkennen sind. Die Kopftuch tragenden AKP-Anhängerinnen haben den Opferdiskurs besonders gut verinnerlicht. Sie fühlen sich permanent erniedrigt und verachtet. Deshalb sind sie scheinbar die Benachteiligten, selbst wenn sie in den teuersten Kleidern mit den luxuriösesten Autos in den elegantesten Istanbuler Vierteln spazieren fahren. Wenn eine Frau ohne Kopftuch sich ihnen gegenüber in irgendeiner Weise negativ äußert oder verhält, ist das die schlimmste politische Sünde. Selbst die reichste Frau aus diesem neuen konservativen Bürgertum ist »benachteiligter« als eine laizistisch aussehende (was immer das heißen mag) pensionierte Lehrerin, die sich finanziell gerade so über Wasser halten kann. Deshalb sollten Sie besser den Mund halten, wenn unterwegs fünf dieser Frauen auf Fahrrädern auf Sie zukommen und Sie als Angehörige der »Elite der Republik Türkei« zum Joggen eine Leggings tragen. Sie tun gut daran, wenn Sie bei einer SUV-fahrenden Frau mit Kopftuch, die die Verkehrsregeln ignoriert, nicht hupen!

Schmerzlich ist, dass auf beiden Seiten nur wenige begriffen haben, dass wir Schwestern sind, die gemeinsame Ziele verfolgen sollten – wie etwa gegen die um sich greifenden Frauenmorde zu kämpfen. Stattdessen sind wir in einem Machtkampf instrumentalisiert worden. Dabei kritisieren nicht wenige konservative Frauen mit Kopftuch die AKP und werden dafür sogar heftiger angegriffen als ihre Geschlechtsgenossinnen ohne. Dazu kommt, dass sie nur des Kopftuchs wegen als Teil, als Unterstützerinnen einer Regierung angesehen werden, die sie selbst eigentlich kritisieren.

Die Publizistin und Menschenrechtsaktivistin Hidayet Şefkatli Tuksal sieht die Sache so: »Derzeit versucht man eine reiche muslimische Klasse zu schaffen, die Erdoğan unterstützt. Eine Schicht von Bauunternehmern wurde von staatlicher Hand gemästet. Das Phänomen dieser ›von staatlicher Hand geschaffenen Reichen‹ ist eine Politik, die seit Gründung der Republik bis heute praktiziert wird und an deren negativen Folgen wir als ganzes Volk leiden.« Vielleicht sollte ich hinzufügen, dass Tuksal konservativ ist und ein Kopftuch trägt. Und ich sollte erwähnen, dass auch sie aufgrund ihrer kritischen Haltung von einer regierungsfreundlichen Zeitung gefeuert wurde. Ich glaube nicht, dass eine der Radfahrerinnen in Bebek Hidayet Şefkatli Tuksal kennt. Wir können also festhalten, dass Erdoğan sein Ziel erreicht hat, und eine »an ihrem Hass festhaltende Generation« entstanden ist und eine Gesellschaft, in der die gesellschaftlichen Gruppen einander nicht mehr dulden. Um zu verstehen, wie das aussieht, sollten wir uns beim Frühstück den Nachrichten widmen. Natürlich könnten Sie den Fernseher einschalten und die Zeitungen aufschlagen, aber das hat wenig Zweck. Um zu begreifen, was wirklich los ist in der Türkei, müssen Sie Twitter verfolgen. Vergnüglich wird es garantiert nicht! Denn um die Nachrichten zu verfolgen, müssen wir uns in eine Geisterbahn voller Stürme, Abenteuer, Blut, Gier und Lügen begeben.

Doppeldeutig und auf zwei Bildschirmen: Nachrichtenzeit in der Türkei

Ich sitze beim Frühstück, im Fernsehen beginnen gleich die Morgennachrichten. Aber es reicht nicht, den Fernseher einzuschalten, ich brauche auch noch mein Smartphone oder meinen Laptop, nur so kann man die Codes auf dem Bildschirm verstehen. Ah! Mein Vater ruft an.

»Ece?«

»Papa?«

»Was bedeutet Hashtag?« Ich erkläre es ihm.

»Ha, verstehe«, sagt er und legt auf, abrupt wie immer. Er ärgert sich darüber, dass er sich mit seinen vierundsiebzig Jahren hochtechnologische Kenntnisse aneignen muss, um vernünftige Nachrichten über sein Land zu bekommen; weil er, wenn er den Fernseher einschaltet, immer nur denselben brüllenden Mann sieht wie ich: »Eyyy, Europäische Union!«

Recep Tayyip Erdoğan brüllte schon als Ministerpräsident,

jetzt ist er Staatspräsident und brüllt noch immer: »Eyyy Papst!« So beginnt er immer, wenn er aus der Ferne jemanden herausfordern will: »Eyyy!« Dann schreit er los und fängt an zu tadeln. Manchmal rezitiert er brüllend ein Gedicht.

Die zu erwartenden Sätze erscheinen allmählich auf Twitter. Keiner nennt einen Namen, man nutzt die Möglichkeit der türkischen Sprache, auf das Subjekt zu verzichten:

»Ist schon wieder da!«

»Hat wieder angefangen zu brüllen!«

»Soll uns in Frieden lassen!«

Zur selben Zeit werden Hunderte, Tausende Tweets geteilt, Fragen beantwortet, Gruppen gegründet, Kommentare abgegeben zu seinen Worten aus dem Fernsehen und seinen neuesten Opfern.

In der zweiten Meldung verkündet fast täglich ein Minister im Zusammenhang mit einem abscheulichen Kindesmissbrauch oder grauenvollen Frauenmord oder Arbeitsunfall mit vielen toten Arbeitern: »Die Verantwortlichen werden strengstens bestraft.«

Der Ministerpräsident, Minister, hohe Beamte … Ohne irgendeine Frage zu beantworten und ohne mit einer ernsthaften Frage konfrontiert zu werden, bleiben sie bis zum Ende der Sendezeit und verschwinden erst dann vom Bildschirm. Gleichzeitig verfolgen alle, denen diese Nachrichten nicht reichen, laufende Prozesse über Twitter, so wie Menschen in normalen Ländern am Anfang eines normalen Tages einen Blick in ihren normalen Terminkalender werfen. Fast täglich gibt es einen politischen Prozess. Entweder handelt es sich um Studenten, die seit Monaten wegen Protestaktionen in Untersuchungshaft sitzen, oder Anwälte, die ohne rechtliche Grundlage wegen Protests gegen die Polizeigewalt festgenommen wurden, oder die Familienangehörigen der vielen bei Arbeitsunfällen

umgekommenen Arbeiter, Aktivisten, Offiziere, Journalisten ...
Irgendjemand steht immer vor Gericht.

Ein anderer Minister, ein anderes Thema – nehmen wir Dorffrauen, die gegen den Bau eines Wasserkraftwerks protestieren –, wieder der tausendfach wiederholte Satz: »Niemand ist in dieser Angelegenheit sensibler als wir!« Im Hintergrund Bilder von Frauen und Männern, deren Namen man nicht kennt und deren Stimmen man nur in Form von Schreien hört, während die Polizei sie an den Haaren wegzerrt. Meldungen, die nicht erklären, warum wahnsinnig gewordene Menschen in den Wahnsinn getrieben wurden, und die in der Regel erst dann einer Nachricht für würdig befunden werden, wenn sie bereits wahnsinnig geworden sind. In solchen Fällen müssen Sie erst den entsprechenden Hashtag auf Twitter finden, um die wahre Geschichte zu erfahren. Aber vor einem müssen Sie sich in Acht nehmen: vor Trollen! Netztrolle sind schlauer und beweglicher und besser getarnt, als Sie glauben. Ein Troll kann so tun, als wäre er selbst ein Opfer und kann sogar verlangen, dass Sie in seiner Angelegenheit schweigen.

Wir sind am Ende der Nachrichten angelangt. Zum Schluss folgen die üblichen Meldungen über Verkehrsunfälle. Sie sind unverzichtbar, weil die Sender nicht viel über Politik berichten können. Wenn man nämlich der Auffassung ist, dass ein Fernsehsender oder eine Zeitung den Oppositionsparteien zu viel Platz einräumt, bringt man Geschwader von Steuerprüfern auf den Weg. Manche Nachrichtensendungen verwenden stattdessen gern lustige Tierclips, die sie auf YouTube gefunden haben. Sind Journalisten etwa zu ängstlich? Sind türkische Journalisten zu zahm? Bleibt deswegen die ganze Arbeit an Twitter hängen? So ist es nicht. Please follow me!

Wie deutlich geworden sein sollte, war auch früher nicht alles großartig. Lassen wir die ältere Vergangenheit beiseite. Von

1980 an kam es zu einer Neuordnung der Medien. Mit dem Einzug des Großkapitals ins Mediengeschäft entstanden neben dem Staatsfernsehen zwei große Medienkonzerne. Im Zentrum des Interesses stehen seitdem die Attraktiven, Fröhlichen und Reichen, die Medien selbst ziehen in Glaspaläste am Stadtrand. Journalisten sehen die Armen nur noch aus der Distanz, meist auf der Fahrt zur Arbeit in vollgestopften Bussen oder in den Wohnvierteln am Rande der Autobahn.

Armut, Ungerechtigkeit und Kampf um Rechte sind aus der Mode geratene, linke Themen. Die Zensur, die in den achtziger Jahren ihren Anfang nahm, wurde in den neunziger Jahren vor allem auf die Kurdenfrage angewendet. Journalisten verwendeten denselben Duktus wie der Staat, berücksichtigten dessen Empfindlichkeiten und waren äußerst vorsichtig, um nicht als Vaterlandsverräter zu gelten. Es blieb ihnen keine andere Wahl: Fand man keinen Job in einer der beiden großen Mediengruppen, hungerte man, daher konnten die Eigentümer der Konzerne die Regeln bestimmen. Für sie wiederum bestimmte die Regierung die Regeln. Die Inhaber der Zeitungen und Fernsehsender investieren nämlich auch in anderen Geschäftbereichen: Bergwerken, Öl- und Erdgasunternehmen usw. Journalisten, die »Falsches« schrieben, wurden ohne weiteres vor die Tür gesetzt, um den reibungslosen Verlauf der übrigen Geschäfte zu garantieren. Journalisten unabhängiger Zeitungen und solche, die dem Staat wirklich Schwierigkeiten hätten machen können, wurden einer nach dem anderen Opfer einer Kugel. Viele Journalisten wurden in den neunziger Jahren ermordet, Çetin Emeç, Uğur Mumcu, Ahmet Taner Kışlalı und Metin Göktepe sind nur die bekanntesten unter ihnen. Bombenattentate gegen die kurdische Presse, Entführungen und vom Staat in Auftrag gegebene unaufgeklärte Morde stießen niemals auf ausreichendes Interesse und waren der Presse häufig nicht einmal eine Nachricht wert. Oppositioneller Journalismus war zu Beginn der zweitausender Jahre also längst ein gefährliches Überbleibsel aus der Vergangenheit. Gleichzeitig kauften AKP-nahe Geschäftsleute die ältesten Presseorgane auf, und die Regierung sorgte mit »persönlichen Telefonaten« dafür, dass die Zeitungen und Fernsehsender der Regierung gewogene Journalisten und Kolumnisten einstellten. Den Medienbossen blieb nichts anderes übrig, als ständig Rückzieher zu machen, weil sie ansonsten riskierten, ihre übrigen Geschäftszweige zu verlieren.

Die Lage hat sich mittlerweile dermaßen zugespitzt, dass es unter Dutzenden gerade mal ein, zwei Fernsehsender gibt, die, wenn auch zögerlich und mit Auslassungen, vernünftige Nachrichten bringen. Der Rest sind Sendungen mit Plaudereien über Religion oder politische Diskussionsrunden, die von den PR-Leuten der Regierung moderiert werden und bei denen jeder dem anderen zustimmt. Die Letztgenannten sind besonders amüsant, weil keinerlei Diskussion oder Auseinandersetzung stattfindet. Hier gilt der Spruch, der seit vielen Jahren die Rückscheiben von Taxis ziert: »Der Seelenfrieden ruht im Islam!«

In den Zeitungen sind die Schlagzeilen häufig identisch, in der Regel ein Satz aus dem Munde des »Bosses«.

So sah die türkische Medienlandschaft aus, als sich im Oktober 2011 in Van in der Osttürkei mit mehrheitlich kurdischer Bevölkerung ein Erdbeben ereignete. Anfangs hatten die Fernsehreporter, die vom Ort des Geschehens live berichteten, keine Direktive erhalten, was sie sagen durften und was nicht, und sprachen über unzureichende Hilfsmaßnahmen. Damit begann das eigentliche Beben. Recep Tayyip Erdoğan forderte, über das Thema nicht zu berichten. Das spielt sich üblicherweise so ab: Der Eigentümer der Zeitung oder des Senders erhält einen Anruf: »Dem Herrn behagt es nicht.« Mehr nicht.

Der Medienboss weiß genau, wer »der Herr« ist und was getan werden muss. So verstummen die Medien.

Aber im Oktober 2011 passierte etwas Neues. Die Türkei entdeckte Twitter als Kommunikationsmittel und Plattform für den Austausch von Nachrichten. In Van twitterten Verschüttete »Mein Akku ist gleich leer« und gaben an, wo sie sich befanden. Es gab Berichte über die unzulängliche Organisation der Hilfe. Mit einem Mal wurden in der ganzen Türkei Hilfskampagnen angestoßen, wurde die Unfähigkeit der Regierung offen angeprangert. Die Nachricht über Babys, die in den an die Erdbebenopfer ausgegebenen Plastikzelten erfroren, erschien nur auf Twitter.

Twitter wurde 2011 zum wichtigsten Medium, zur Plattform politischer Äußerungen. Anlass war einer der Prozesse, in dem eine Gruppe von Studenten unter Anklage stand und der auf den ersten Blick für einen weiteren Antiterrorprozess gehalten werden konnte. Aber seine Bedeutung ging weit darüber hinaus, denn er steht für eine Geschichte des Gewissensverlusts. Wie stumme Herzlosigkeit zur Komplizin der Schuld wird, beschreibt García Márquez' *Chronik eines angekündigten Todes*. Vielleicht wird diese Geschichte nie Gegenstand einer wissenschaftlichen Studie werden und immer Gegenstand der Literatur bleiben. Aber sie muss geschrieben werden, denn nur so können wir die Schritte des sich nähernden Faschismus erkennen. Wäre eine solche historische Studie möglich, würde der 31. Mai 2011 bestimmt als das Datum in die Geschichte eingehen, an dem die Türkei ihr Herz verlor.

Wir befinden uns in Hopa, einer Kleinstadt am Schwarzen Meer. Der Ministerpräsident wird erwartet, als er eintrifft, sieht er eine kleine Gruppe von Demonstranten. Sie protestieren gegen den Bau eines der zahlreichen in der Türkei geplanten Wasserkraftwerke. Trotz des abschlägigen Gerichtsurteils steht der Baubeginn kurz bevor. Der Ministerpräsident mag keine Proteste. Die Polizei weiß das nur zu gut und sprüht wie üblich jede Menge Tränengas auf die Demonstranten. Unter der Wirkung des Tränengases erleidet der pensionierte Lehrer Metin Lokumcu einen Herzinfarkt und stirbt. Als ein Journalist, der irgendwie seine Angst bezwungen hat, am nächsten Tag danach fragt, antwortet der Ministerpräsident: »Natürlich hat einer von denen, ich weiß nicht, wer er ist, und halte es auch nicht für nötig, mich darum zu kümmern, dabei einen Herzinfarkt bekommen, und daran ist er gestorben.« Auf Twitter wird Empörung laut. Schüler können es nicht ertragen, dass so mit dem Tod eines pensionierten Lehrers umgegangen wird. Die AKP-Trolle kontern, meist hieß es: »Er hat gegen den Ministerpräsidenten rebelliert, klar stirbt er.«

Vermutlich erkannten an jenem Tag viele Menschen erstmals, welch grauenerregende Dimension die Massenhysterie erreicht hat. Der live übertragene Dialog zwischen dem Journalisten Ruşen Çakır und dem Ministerpräsidenten wenige Tage nach dem Vorfall war ein Meilenstein in der Geschichte der Gewissenlosigkeit. Auf Çakırs Frage, ob der Ministerpräsident seine erste Reaktion auf den Tod des Lehrers bereue, antwortete Erdoğan: »Für mich passt sein Verhalten nicht zu einem Lehrer, wenn er solche Töne anschlägt. Ich sehe da keinen Lehrer, wenn er einen Stein in der Hand hat, denn vor diesen Steinen stehe ich, auf mich werden sie geworfen, und ich bin der Ministerpräsident der Republik Türkei.«

Auch über die erste Verhandlung gegen die Schüler, die vier Monate in Untersuchungshaft saßen, weil sie gegen Metin Lokumcus Tod und die Reaktionen protestiert hatten, wurde in keiner einzigen Nachrichtensendung berichtet. Aus diesem Grund wurde am ersten Verhandlungstag, dem 9. Dezember 2011, erstmals massenhaft Twitter genutzt, um ein politisches Verfahren zu verfolgen. Nicht jeder verhielt sich gewissenlos, doch angesichts der sich entwickelnden Grausamkeit ganz normaler Menschen verschlug es den meisten von uns die Sprache. Und eben diese Sprachlosen begannen, sich auf Twitter zu artikulieren. Die bis in die Abendstunden andauernde Verhandlung und Tausende von Tweets waren das erste Signalfeuer einer Revolte, die zwei Jahre später eines Morgens ihren Anfang nehmen sollte. An jenem Morgen im Juni des Jahres 2013 sollte mein Vater zum ersten Mal Twitter besuchen und mich dann anrufen: »Ich bin auf Twitter. Hast du mich gesehen?«

Wie mein Vater waren 2013 Millionen bereit, ihre im Laufe der Jahre vor den Bildschirmen angehäufte Wut, ihren Schmerz und ihre Trauer zum Ausdruck zu bringen. Die Türkei bestand doch nicht nur aus Menschen, die sagten: »Er hat gegen den Ministerpräsidenten rebelliert, klar stirbt er.« Sehen wir einander? Dazu hat Twitter in der Türkei viel beigetragen. Die Menschen wollten sich selbst und einander demonstrieren, dass im Land nicht nur Gewissenlosigkeit herrschte. Es konnten doch nicht alle Teil dieser wahnsinnigen Grausamkeit geworden sein, oder? Unter uns gab es doch immer noch Menschen, die ihren Verstand beisammenhatten und das ganze Geschehen für Irrsinn hielten, nicht wahr? Eigentlich stellten alle dieselbe Frage: »Hast du mich gesehen?«

Genug des Frühstücks und genug der Nachrichten. Was halten Sie von folgender Idee: Wir fahren ins Zentrum und trinken Kaffee mit ein paar Freunden. Als lebten wir in einem normalen Land und wären ganz normale Leute. Sind Sie bereit für das, was passieren wird, wenn wir im Taxi sitzen?

Ah, sollten Sie durch die Sender zappen, bevor Sie das Gerät ausschalten, bleiben Sie doch bitte einmal kurz auf diesem Kanal. Ja, genau dieser! Auf dem alle tanzen, singen und ihre Hüften schwingen. Genau der, *Flash TV* heißt er, ist eine vollkommen andere Welt! Er hätte in Milan Kunderas *Das Fest der Bedeutungslosigkeit* einen würdigen Platz gefunden! Rund um die Uhr wird hier getanzt, egal, was im Land passiert. Bereits vor einigen Jahren, als auf diesem Kanal die Menschen vierundzwanzig Stunden am Tag zu tanzen begannen, hätten wir begreifen sollen, dass dieses Land tatsächlich übergeschnappt ist. Aber wie dem auch sei, gehen wir los und suchen uns ein Taxi.

Allah möge dich verdammen

»Sind Sie frei?«

(Ein ausdrucksloses Gesicht. Er deutet wohl ein Nicken an, ohne mich anzusehen.)

»Guten Morgen!«

(Noch ein Nicken, vielleicht um zu sagen: »Spar dir das unnötige Geschwätz.«)

»Nach Cihangir, bitte.«

»Uff!!«

Der Mann, er ist Anfang zwanzig, wirkt wie ein wandelndes Beispiel für übertriebene passive Aggression. Fast ohne Worte gelingt es ihm, mir das Gefühl zu geben, ich sei an allem schuld. Wütend stellt er das Radio auf volle Lautstärke. Das Lied passt hervorragend: »Allah möge dich verdammen!«

Wut in Liebesliedern ist nichts Neues. Die Texte sind ein Spiegel jenes männlichen Seelenzustands, der sich in dem dramatischen Spruch ausdrückt, den man häufig am Heck türkischer Lastwagen liest: »Entweder gehörst du mir oder in die Erde!« Mit dieser Haltung wird der Mann zum größten Opfer, und das erlaubt ihm zu töten, was – denn nun ist er ein Mörder – seine Opferrolle noch verstärkt. In einem Land mit solchen Liebesliedern und Lastwagenaufschriften ist es wohl nicht verwunderlich, dass die Liebe der Obrigkeit zum Volk mitunter tödlich wirkt!

Die zunehmende Verrohung des Ausdrucks von Wut in Liebesliedern ist das Produkt der letzten Jahre. So wie in dem Lied aus dem Radio:

»Meinen Hass auf dich kann mir keiner nehmen
Soll der Tod ruhig kommen
Dich werde ich immer noch lieben
Allah möge dich verdammen!
Allah möge dich verfluchen!«

Der Mensch verliebt sich nur in seiner Muttersprache. Sie können natürlich jemanden lieben, der eine andere Sprache spricht, das Gefühl aber lebt in Ihrer Muttersprache. Nach 1980 verwandelte sich unsere Muttersprache allmählich in ein Schlachtfeld. Die Schlacht war eine politische, eine historische, eine gesellschaftliche. Dass sogar die Liebe bei uns im wahrsten Sinne des Wortes ein Schlachtfeld geworden ist, hängt damit zusammen. Vielleicht halten nicht viele es für ein politisches Problem, dass die Texte populärer Liebeslieder so ein selbstzerstörerisches Gestotter sind. Aber so ist es! Die türkische Sprache wurde verstümmelt, damit Kurden nicht Kurdisch sprechen, Linke nicht ideologisieren, Frauen nicht ihre Rechte verlangen, Arbeiter nicht aufbegehrten und aus vielen anderen Gründen mehr. Die türkische Sprache wurde durch staatliche Intervention immer ärmer und schizophrener gemacht. Lassen Sie mich an einem Beispiel zeigen, wie eine Gesellschaft, die ihre Muttersprache nicht beherrscht, sich windet, weil es ihr in so vielen Bereichen, von Politik bis Philosophie und von Liebe bis Freundschaft, unmöglich ist, sich auszudrücken.

Nach dem Militärputsch von 1980 wurden Hunderte von Wörtern verboten. Die im Staatsfernsehen verbotenen Begriffe verschwanden allmählich auch aus dem gesellschaftlichen Leben. Manche dieser Wörter wurden ersetzt durch ihre

Entsprechungen aus dem Osmanischen, Arabischen und Persischen, die vor der Republikgründung benutzt worden waren. Nehmen wir etwa den Begriff *barış*, zu Deutsch Frieden. Das neutürkische Wort *barış* wurde verboten, weil die Putschisten es mit der Friedensbewegung assoziierten. Stattdessen benutzte man das osmanische Wort *sulh*. Von diesen fremden Wörtern jedoch hatten die türkischsprechenden Menschen entweder keine oder eine nur vage Vorstellung. So kam es zunehmend zu Missverständnissen. Zudem gab es einige völlig verbotene Wörter, die auch nicht durch andere ersetzt wurden. Eines davon hat die Geschichte der Türkei erheblich beeinflusst: *direniş*, Widerstand!

Nach dem Verbot im Staatsfernsehen tilgten auch die Normalbürger, die päpstlicher waren als der Papst, das Verb *direnmek* aus ihrem Wortschatz. Mit den Begriffen vergessen die Menschen vermutlich auch deren Bedeutung. Deshalb leiden heute sogar Liebeslieder unter der Verarmung der türkischen Sprache.

»Können wir bitte das Radio ein wenig leiser stellen?« Zack! Das Radio wird komplett ausgeschaltet. Und wieder »Uff!« und Schnauben. Eine der Geheimwaffen des türkischen Mannes: Ohne große Anstrengung schafft er es, dass Sie sich miserabel fühlen. Jetzt tue ich etwas, was man unbedingt vermeiden sollte, aber ich begehe denselben Fehler immer wieder: »Verzeihung, stimmt was nicht? Was behagt Ihnen denn nicht? Unser Fahrziel oder dass ich Sie gebeten habe, das Radio leiser zu stellen? Was ist eigentlich los?«

Eine solche Frage lässt das Ganze zu einer Problemfahrt ausarten, bei der Ihnen ein passiv-aggressiver Macho mit unvorstellbarem Tempo und abrupten Spurwechseln Angst einflößt. Und während Sie im Fond hin und her geschleudert werden, liefern Sie den perfekten Einstieg ins Finale: »Könnten wir bitte ein wenig langsamer fahren?« Zack! Ein Tritt in die Brem-sen, der Wagen steht.

»Steig aus!«

»Wie bitte?«

»Steig aus, Frau!«

Solche Taxi-Abenteuer kommen vor, sind aber nicht die Re-gel. Ihnen würde das nicht passieren, Sie haben nämlich längst gelernt, dass man sich auf Auseinandersetzungen mit unter An-spannung stehenden Taxifahrern nicht einlassen sollte. Wenn Sie einmal an die jüngere Geschichte des Landes denken, dann wissen Sie das nur zu gut. Lassen Sie uns überlegen. Wie alt ist unser Fahrer? Nehmen wir an, er ist 25, also Anfang der neunziger Jahre geboren. Schon in der Grundschule hat er ein militarisiertes, konservatives Bildungssystem durchlaufen. In diesem Erziehungsprozess erwartete man von ihm vor allem, sich nicht zu artikulieren. All seine Lehrer waren Identifika-tionsfiguren, mit dem Putsch im Reinen, ohne einen freien Willen und nicht erpicht, über Menschenliebe und Solidarität zu sprechen. Außer für die Hausaufgaben hat er wahrschein-lich nie ein Buch in die Hand genommen. Sein Frauenbild ist geprägt von der konservativen Populärkultur. Als Heran-wachsender hat er seine Zeit unter Männern in Teehäusern verbracht, Kontakte mit dem anderen Geschlecht waren na-hezu verboten. Mit achtzehn wurde er zum Militär einberufen. War er von kräftiger Statur und kerngesund, schickte man ihn höchstwahrscheinlich in den Südosten, in die Region der tür-kisch-kurdischen Gefechte. Nach seiner Rückkehr war er mit Arbeitslosigkeit konfrontiert und landete bei einer der weni-gen Tätigkeiten, die er ausüben konnte: Taxi fahren. Vielleicht leidet er wie so viele andere unter dem Vietnam-Syndrom, über das nie gesprochen wird. Vielleicht legt er dieses passiv-aggressive Verhalten an den Tag, weil alle Wörter, mit denen er sich ausdrücken könnte, verboten sind. Und weil eine Frau für ihn das Bedrohlichste auf der Welt ist, gerate ich in solche Situationen. Aber selbst wenn es die Wörter gäbe und er sich entschließen würde, zu erzählen, hindert ihn ein Gesetz daran, und zwar das Gesetz zur Distanzierung des Volks vom Militärdienst.

In der Türkei ist es verboten, sich gegen Militärdienst und Militärpflicht auszusprechen, und wer es trotzdem tut, und dann auch noch in der Presse, hat mit strengen Sanktionen zu rechnen. Werfen wir einen Blick in das türkische Strafgesetzbuch: Laut Artikel 318 werden »1. Aktivitäten, Aufforderungen und Empfehlungen, die das Volk vom Militärdienst distanzieren oder entsprechende Propaganda mit sechs Monaten bis zu zwei Jahren Haft bestraft. 2. Falls diese Straftat durch Medien oder Presse begangen wurde, wird die Strafzumessung um die Hälfte erhöht.«

Möchten Sie sich auf eine Reise mit einem jungen Mann am Steuer begeben, dem man zuerst Bildungschancen vorenthält, den man brutalisiert hat und am Ende zum Schweigen zwingt? Ich nicht. Keine Diskussion, steigen wir aus! Wir finden schon ein anderes Taxi, das uns nach Cihangir bringt. Während wir warten, plaudern wir ein wenig über dieses Viertel.

Cihangir ist eine Art Istanbuler Soho, nur viel kleiner. Bis vor zehn Jahren tummelten sich hier Transvestiten und die wahre Boheme; jetzt ist es zur Hochburg der bürgerlichen Boheme geworden, der Ort, an dem sich die Gentrifizierung abspielt. Cihangir entwickelte sich zu einem teuren Viertel im Zentrum Istanbuls mit jeder Menge Cafés, bevorzugt von Künstlern und Medienmenschen. Bis zum Taksimplatz sind es zehn Minuten Fußweg. Obwohl Cihangir keineswegs luxuriös aussieht und die Häuser in der Regel nicht im besten Zustand sind, zahlt man hier sehr hohe Mieten. Der Grund dafür ist simpel. Die Nachfrage ist enorm. Denn Cihangir ist einer der wenigen Stadtteile, in denen Sie in aller Öffentlichkeit Alkohol trinken können, auch im Fastenmonat geöffnete Restaurants finden und einen liberaleren Lebensstil pflegen können. Deswegen wächst die Bevölkerung immer mehr. Die liberalen Kreise der Stadt suchen Zuflucht im winzigen Cihangir, weswegen extremer Platzmangel herrscht. Auch wir wollen dort Kaffee trinken.

Ja, jetzt hält ein Taxi, der Fahrer ist mittleren Alters.

»Bitte sehr, meine Dame?« Ein Taxifahrer genau nach meinem Geschmack. Er hat ein freundliches Gesicht, im Radio laufen die Nachrichten.

»Nach Cihangir, bitte!«

»Aber gern, *efendim*.«

Efendim ist ein Ausdruck von Höflichkeit, ein Zeichen von Anstand und Stil. Ein Ausdruck, der beinhaltet, dass Ihr Gegenüber ein Mensch ist, mit dem Sie zivilisiert kommunizieren können. In europäischen Ländern sind die sozialen Codes und Anforderungen des gesellschaftlichen Lebens für alle Gesellschaftsgruppen mehr oder weniger gleich, und sie werden von nahezu allen akzeptiert. In der Türkei dagegen akzeptieren und verwenden immer weniger Menschen diese Codes. Wut und Hass haben sämtliche Lebensbereiche erobert, wodurch sogar die minimalsten Anforderungen an Umgangsformen nicht mehr erfüllt werden. Ich denke, der Grund dafür ist das allgemeine Verschwinden des Rechtsempfindens. Das Wissen, dass der Stärkere im Alltagsleben recht hat, wie es uns die Regierung vorlebt, verbreitet sich von oben nach unten. Eigentlich ist das Ganze ein Prozess des moralischen Verfalls, der sogar Zweierbeziehungen beeinflusst.

Dementsprechend ist es wohl normal, dass Menschen sich nicht an Verkehrsregeln halten in einem Land, in dem Richter verhaftet werden können, wenn sie Urteile entgegen den Wünschen der Regierung gefällt haben. Sich an dieser Entwicklung nicht zu beteiligen, erfordert einen wahren und starken Glauben an moralische Integrität. Deshalb freue ich mich über jeden höflichen Taxifahrer, der den Ausdruck *efendim* benutzt, bin fast ergriffen, als wäre ich Zeugin eines Akts des Widerstands, in Würde und von einem Einzelnen vollführt. Einem Helden, der sich allein erhebt gegen den groben und verrohten Geist dieser Zeit. Und nein, das ist kein bisschen übertrieben. Vielleicht wird das, was wir empfinden, nicht in die Geschichte eingehen, aber solche Empfindungen existieren in der Türkei, und wenn Sie mich fragen, haben diese winzigen Gefühle einen Schmetterlingseffekt auf unsere politische und gesellschaftliche Geschichte.

»Welche Strecke soll ich fahren?«

Das Benehmen des Fahrers ist Balsam für meine Seele. Ich wiederum verhalte mich so, als wolle ich ihm vermitteln, auch Teil desselben heimlichen Widerstands zu sein: »Wie Sie mögen.«

»In Ordung, *efendim*.«

Der Verkehr ist allerdings entsetzlich.

»Was da wohl los ist? Wird auf dem Taksimplatz demonstriert oder so was?«

»Nein, *efendim*. Der *Sultan* kommt doch, deshalb haben sie den Verkehr mal wieder gesperrt.«

Ich lache. Seit Tayyip Erdoğan Staatspräsident ist, versucht er das Zentrum des Landes aus der Hauptstadt Ankara in die osmanische Hauptstadt Istanbul zu verlegen. Da er sein »Büro« im Dolmabahçe-Palast bezog, einem der auch der Öffentlichkeit als Museum zugänglichen Paläste aus osmanischer Zeit, wird jedes Mal, wenn er nach Istanbul kommt, der gesamte Verkehr gesperrt, damit sein Heer an Personenschützern freie Fahrt hat. Neben dem gigantischen Präsidentenpalast, den er sich in Ankara errichten ließ, benutzt er auch noch Dolmabahçe. Wenn ein Taxifahrer ihn *Sultan* nennt, können Sie gewiss sein, dass auch er einen zornigen Hass gegen ihn hegt. Zorniger Hass ist ein inflationäres Gefühl in der Türkei und findet seinen Ausdruck in jenem, den Gesellschaften des Nahen Ostens so eigenen sarkastischen Humor. Jemand ohne Türkischkenntnisse könnte meinen, dass sich unser weiteres Gespräch um ein lustiges Thema dreht, aber der Taxifahrer und ich reden ein wenig über die Mordfälle, die Rechtlosigkeit und darüber, dass sie uns alle demnächst »abmurksen« werden. Dann entdecken wir die Flecken in grauer Farbe an den Hauswänden. Darauf stehen Sprüche in schwarzer Schrift: »Hm … schon wieder grau?«, »Immer grau?«, »Grau ist schön, da sieht man die Schrift besser«, »Ist die graue Farbe noch nicht aus?«

Wir betrachten die grauen Flecken und lachen. Warum?

Die grauen Flecken der Stadt: Beweis der Existenz durch Nichtexistenz

Seit zwei Jahren machen sich auf den Hauswänden wahllos graue Flecken breit. Man steht morgens auf, sieht diese Flecken, und wenn man nach ein paar Tagen wieder an ihnen vorbeikommt, stehen darauf spöttische Kommentare.

Seit den Gezi-Protesten wird diese dicke graue Farbe benutzt, um Grafitti zu überpinseln. Die kurze Geschichte der grauen Farbe nahm ihren Anfang, als die Menschen in verschiedenen Stadtteilen Treppenstufen in Regenbogenfarben anmalten. Aus irgendwelchen Gründen muss die Regierung zu dem Schluss gekommen sein, die bemalten Treppen seien etwas Anarchisches, und ließ sie grau übertünchen. Am nächsten Tag schnappten sich die Demonstranten erneut ihre Farbeimer und siegten mit ihren bunten Farben über das Grau. Dann wurden die Treppen wieder grau. Mit dieser Metapher lässt sich Gezi begreifen. Gezi und die Zeit danach ist der Kampf zwischen den Regenbogenfarben und Grau. Gezi-Aktivisten bekämpfen mit ihrem oppositionellen Humor das Grau sogar dann, als ihnen die Farben ausgehen:

»Auf dem Grau schreibt sich's prima!«

Welche Farben will man mit dem Grau übertünchen? Formulieren wir die Frage so: Was war Gezi? Um das zu verstehen, begeben wir uns am besten zurück in den Juni 2013, auf den Taksimplatz. Ein frischverheiratetes Paar verbrachte dort die ganze erste Protestwoche, Tag und Nacht, mit einem Spruchband am Zelt, das sich persönlich an den Ministerpräsidenten richtete: *Sehr geehrter Herr, bitte hören Sie auf, damit wir heimgehen und uns lieben können!* Die Passanten kicherten oder hoben die Augenbrauen, je nach politischer Couleur. Beide Reaktionen resultieren aus derselben Tatsache: In der Türkei äußert man sich nicht in der Öffentlichkeit über körperliche Liebe und schon gar nicht für jeden sichtbar auf einem Spruchband mitten in der Stadt. Ein Scherz mit erotischer Anspielung während der Besetzung des Platzes war jedoch von extrem politischer Bedeutung, der Ministerpräsident attackierte die Besetzer nämlich mit konservativen Moralvorstellungen. Er sprach es nicht offen aus, deutete aber an, dass die *Randalemacher* auf dem Taksimplatz »Gott weiß was für schmutzige Sachen machen«.

Das war natürlich Teil einer riesigen Propaganda gegen die Demonstranten. An einem Tag wurde behauptet, sie würden Alkohol in einer Moschee trinken, an einem anderen beschuldigte man sie, eine Kopftuch tragende Frau geschlagen zu haben. Beide Vorfälle seien auf Video festgehalten worden, entsprechendes Filmmaterial tauchte jedoch nie auf. Als der Imam der Moschee aussagte, die Demonstranten hätten Unterschlupf für ihre Verletzten gesucht und nie Alkohol getrunken, wurde er verhört, weil er als Beamter mit der Presse gesprochen hatte;

danach versetzte man ihn in eine andere Moschee weit außerhalb. Es war also ziemlich mutig von dem Paar, trotz all dieser Stigmatisierungen zu verkünden, sie könnten sich wegen der Tränengasattacken und der Polizeigewalt nicht lieben, und dass sie es wirklich gern täten, wenn die Polizeikräfte sich doch bloß vom Gezi-Park zurückziehen würden.

Dieser recht unbedeutende Scherz verschwand unter zig anderen während der Turbulenzen, die sich an dem Bebauungsplan des Gezi-Parks entzündet hatten und in der Besorgnis um Presse- und Meinungsfreiheit, zunehmende Ungerechtigkeit, Ungleichheit und Konservatismus in der Türkei zu Massenprotesten ausweiteten. Angesichts der Grenzen des Ungehorsams finde ich den Witz im Rückblick ziemlich bemerkenswert. Man kann also nicht nur gegen geschriebene Gesetze verstoßen, sondern auch den in der Gesellschaft etablierten Moralvorstellungen und dem Verhaltenskodex den Gehorsam verweigern. Das ist in der Türkei nicht weiter schwer: Man muss nicht unbedingt offen Polizeigewalt anprangern oder die aufgezwungene Sexualmoral. Eine Leggings zu tragen genügt.

Gelegentlich geschieht diese Art zivilen Ungehorsams nicht einmal absichtlich; er scheint einem eher zuzustoßen, als dass man ihn bewusst wählt. Es ist eine feinere, subtilere Form des Ungehorsams, die – dennoch hin und wieder hart bestraft – bei den Gezi-Protesten eine wichtige Rolle spielte. Die Definition mag zu weit gefasst sein für einen Akt des zivilen Ungehorsams oder zu nebulös, aber ich nenne diese Form von Rebellion schlicht *nett sein*. In Anbetracht des Alltagslebens in der heutigen Türkei bedarf es dafür tatsächlich ziemlich viel Muts. Die in Taksim versammelten Menschen konnten nicht genau artikulieren, warum sie den Platz nur widerwillig verließen. Sie murmelten Sätze wie: »Es war zu schön, um wegzugehen«, oder »Vergiss das Tränengas und die Prügel, das waren die schönsten Tage meines Lebens.« Meist äußerten sie als Erklärung nur

Varianten desselben Gedankens: »Die Menschen hier sind so nett!« Sie waren sich vielleicht nicht einmal bewusst, dass sie mit diesen freundlichen Worten selbst ein Teil dieser subtilen, aber starken Form des Ungehorsams wurden.

Die Türkei ist ein raues Land geworden. Bei einem Besuch in Großbritannien sind wir Türken schockiert, wie viel Zeit die Briten darauf verwenden, sich zu entschuldigen und zu bedanken. Geschweige denn in einer Schlange zu stehen. Bis auf wenige Individuen, die entgegen der allgemeinen Tendenz entschlossen an ihrer Höflichkeit festhalten, entschuldigen wir uns kaum. Und damit meine ich nicht die großen politischen Entschuldigungen bei den niedergemetzelten und gefolterten Armeniern oder Kurden. Ich meine die simple, alltägliche Entschuldigung, wenn wir jemanden auf einer belebten Straße anrempeln. In einem Land, das schlimme Dinge vertuscht, das so tut, als würden sie gar nicht passieren, sind Entschuldigungen ein Zeichen von Schwäche. Vielleicht gibt es keine direkte Verbindung zwischen verbalen Nettigkeiten und tieferem Mitgefühl, doch beides scheint in der Türkei nicht zu existieren, wie zum Beispiel die tagtäglichen Morde an Frauen zeigen. Während der Gezi-Proteste war dagegen zu hören: »Weißt du was? Die Leute am Taksim sind erstaunlich! Sogar als wir mit Tränengas besprüht und von der Polizei angegriffen wurden, entschuldigten sich die anderen Demonstranten, als sie mich anrempelten. Sie tun es sogar, während wir alle um unser Leben kämpfen! Erstaunlich!« Dieses Beharren auf Höflichkeit war Zeichen einer höheren Philosophie, dass nämlich andere genauso wichtig sind wie man selbst und Mitgefühl kein Zeichen von Schwäche ist.

Die Marginalisierung von allen, die aus der Reihe tanzen, ist ebenfalls ein wichtiger Aspekt im heutigen türkischen Alltag. Zu dunkelhaarig zu sein oder Kurde oder kein sunnitischer Muslim, im heiligen Ramadan nicht zu fasten, Junggeselle zu sein, als Studentin mit Männern in einer WG zu leben, als Frau etwas zu laut zu lachen: All das wird schnell als sonderbar gewertet und von der Gesellschaft streng sanktioniert. Jeder, der ein vom sunnitisch-männlich dominierten, militarisierten und profitorientierten Standard abweichendes Leben führt, ist mit verschiedenen Formen von »Korrektur« konfrontiert, angefangen beim Ausschluss aus der Gesellschaft bis hin zu Prügeln durch die Öffentlichkeit.

Man mag zunehmenden Konservatismus für die Tendenz zu kulturellem Zwang verantwortlich machen oder den vierzig Jahre währenden Krieg, der dem ganzen Land posttraumatische Belastungsstörungen bescherte, oder den Militärdienst, der die gesamte männliche Bevölkerung verhärten lässt, oder die rigorose neoliberale Wirtschaftspolitik, oder man kann es einfach als kulturelles Phänomen auffassen. Aus welchen Gründen auch immer: Die Türkei ist ein Land, in dem die Akzeptanz von Verschiedenheit immer mehr schwindet. In Gezi und bei den Demonstrationen in anderen türkischen Städten zelebrierten die Menschen Vielfalt und zeigten, dass sie allen Widrigkeiten zum Trotz koexistieren können. Säkulare Sozialisten hielten die Schirme über antikapitalistische Islamisten, während diese im Regen beteten; eine linksnationale junge Frau hielt die Hand eines kurdischen Aktivisten. Diese persönlichen Kontakte, so kurz und flüchtig sie auch waren, wären vor Gezi unmöglich gewesen. Eine junge Frau im Minirock und ein islamistischer Aktivist, die sich gemeinsam um die Versorgung der Taksim-Kommune kümmern, muten vielleicht an wie ein romantischer Traum, aber das ist wirklich passiert. Die Menschen waren von sich selbst überrascht, dass sie in nur wenigen Tagen zu Guerillas geworden waren, aber vielleicht staunten sie noch mehr über die Tatsache, dass sie nett sein durften ohne die Angst, als schwach zu gelten. Wenn Sie von einer Kultur extremer Gewalt umgeben sind und diese Einstellung ablehnen, indem Sie einfach nur höflich sind, wird dies zu einem Akt des Widerstands. *Nett sein* kann als revolutionärer Akt gelten, wenn Sie ermutigt oder gar gezwungen werden, das Gegenteil zu tun. Am Tahrir-Platz in Kairo und am Al-Kasbah-Platz in Tunis war es genauso: Die gewollte und entschiedene Freundlichkeit unter den Demonstranten wirkte wie der Versuch, das von den Gräueln der Regimes zutiefst erschütterte Vertrauen in die Menschlichkeit wiederherzustellen. Um in der Türkei zu überleben, ist Apathie notwendig, genau wie in anderen Ländern, in denen von den Bürgern gefordert wird: »Liebe es oder verlasse es!« Während der Gezi-Proteste verweigerten die Menschen diese Apathie, die ihnen durch massive Gewalt aufgezwungen wird. Manche ungehorsame Bürger am Taksimplatz lehnten nicht nur den Gedanken ab, ihr Land zu verlassen, sondern auch dumpfes Erdulden und feindselige, gewalttätige, brutale oder grobe Verhaltensmuster. Umgeben von Tränengaswolken, schufen sie eine Welt, wie sie sie sich wünschten: ein Nimmerland voller Güte. Kinder malten Bilder, schnurstracks wurden eine Bücherei eingerichtet und Bühnen für künstlerische Darbietungen aufgebaut, Leute brachten Brot, Mütter bildeten Menschenketten, um ihre Kinder zu schützen. Man teilte alles miteinander. Ich erinnere mich an ein Straßenkind, das die Besetzer anflehte, nicht zu gehen, weil es zum ersten Mal in seinem Leben menschlich behandelt worden war. Vielleicht klingt das nach Woodstock, nach Hippie-Kram und Flower-Power. Und tagsüber war es vielleicht auch so. Nach Sonnenuntergang jedoch mussten tagsüber harmlos aussehende Menschen zu Kämpfern gegen die Polizeigewalt werden. Und wenn die Nacht vorbei war und die Sonne aufging, war es wieder an der Zeit, nett zu sein als Akt des Widerstands.

Einer der beliebtesten Slogans dieser Zeit lautete: »Taksim ist überall!« Die Demonstranten träumten davon, die Grenzen des Platzes auszuweiten und die neu geschaffene Kultur in den

Rest des Landes zu tragen. Im Rückblick bin ich zu der Überzeugung gelangt, dass sie das Gerechtigkeitsgefühl wiederherstellen wollten in einem Land, in dem der Glaube daran völlig zerstört worden war.

In einem Land, in dem politische Gerichtsverfahren Jahre dauern können, ohne dass es zu einer einzigen Verhandlung kommt, gigantische Gefängnisse gebaut werden, um Regimekritiker einzusperren, die Mentalität des »Der Gewinner kriegt alles« ungebremst regiert, und wo die Uniformierung des menschlichen Lebens und Geistes erbittert vorangetrieben wird, lebten die Menschen in Gezi die Vision eines anderen Rechtsprinzips und einer menschlicheren Moral.

Ungehorsam gilt oft als Mittel, um das System zu stürzen oder Gesetze zu brechen, aber das Wesen von Gezi war das genaue Gegenteil. Tagein, tagaus schufen, kodifizierten und lebten die Protestierenden einen neuen Verhaltenskodex. Und es war nett, sehr nett.

Deswegen lächeln der Taxifahrer und ich beim Anblick der grauen Flächen. Wir wissen nur zu gut, dass diese Sprüche, die aufgesprüht wurden und werden, ein Akt des Widerstands sind wie unser höfliches *efendim*, und ziehen lächelnd unseren Hut.

Hypnotisierende Verrohung

Bedenkt man die Vielfalt und chaotische Struktur der Ereignisse des Juni 2013, kann die Antwort auf die Frage »Was war Gezi?« nur unvollständig ausfallen. Vielleicht sollte man lieber fragen: »Wogegen richtete sich Gezi?«

Wie soeben geschildert, richtete sich Gezi gegen den zunehmenden Verfall der politischen und gesellschaftlichen Moral. Ein Teil der Wut, die in Gezi mündete, richtete sich auch gegen die Dreistigkeit von Menschen, deren mangelnde Bildung und Verrohung uns hypnotisiert und die Sprache verschlägt, und gegen die zunehmende Verbreitung dieser Dummdreistigkeit, angefangen bei der Spitze der Regierung bis in die Tiefe der Gesellschaft. In einer Satirezeitschrift erschien ein Beitrag, der diese Situation perfekt beschreibt. Denken Sie bei Satirezeitschriften nicht, dass sie nur zum Vergnügen gekauft werden. In der Türkei sind sie neben den sozialen Netzwerken das einzige Medium, um das politische Geschehen zu verfolgen, ohne dabei den Verstand zu verlieren. In einem Land, in dem seriöser Journalismus verhindert wird, entwickeln sich Satirezeitschriften zu Nachrichtenquellen mit wahrhaft politischer Haltung. Folgende Passage könnte hilfreich sein, um besser zu verstehen, wie es zu Gezi kam. Umut Sarıkaya schrieb in der Zeitschrift *Uykusuz (Schlaflos)*: »Früher hieß es bei uns: ›Etwas nicht zu wissen ist keine Schande, aber nicht lernen zu wollen ist eine.‹ Heute heißt es: ›Da hast du etwas gelernt und gibst damit an, du Schaumschläger! Du jakobinischer Psychopath!‹ Ich verstehe nicht, wie es in unserem Land so weit kommen konnte. In meiner Kindheit waren Lernen und Wissen etwas Lobenswertes. Irgendwie entwickelte sich diese Sichtweise weiter zu einem ›Man sieht ja, wie es den Studierten geht. Sie lernen und lernen, und was nutzt es ihnen?‹ und endet schließlich an dem Punkt, wo es heißt: ›Wir brauchen keine Experten.‹ Ich habe sogar den Satz gehört: ›Wir lassen uns Soziologie nicht von den Soziologen erklären!‹ Bald wird es so weit sein, dass sie Leute, die etwas wissen oder lernen wollen, verprügeln, sobald sie sie sehen. Deshalb empfehle ich sicherheitshalber jedem, in der Öffentlichkeit den Deppen zu spielen. Es könnte sich nämlich jemand gedemütigt fühlen, bloß weil Sie sich auf einem Gebiet gut auskennen.«

Der Diskurs der AKP-Regierung hat dazu geführt, dass die Menschen in diesem Land sich mittlerweile für ihr Wissen schämen. »Wir lassen uns Wissenschaft nicht von den Wissenschaftlern erklären« – in Anlehnung an den oben zitierten Satz – wurde von der Ignoranz, die mittlerweile das Land regiert, ständig wiederholt. Der Herr, der es nicht für nötig hielt, Soziologie von den Soziologen zu lernen, war natürlich niemand anderer als der damalige Ministerpräsident Recep Tayyip Erdoğan. Die mit dem Putsch aufgekommene Feindschaft gegen die Intellektuellen verwandelte sich während seiner Regierungszeit zu einer offenen Feindschaft gegen das Wissen. Diejenigen, die ihre Unwissenheit mit grenzenloser Derbheit verteidigten, vertuschten ihre Überzeugung, keine Experten zu brauchen, mit einer fadenscheinigen Idee von Gleichheit. Staudämme liefen über, Gebäude stürzten ein, Züge entgleisten, in Bergwerken kam es zu Explosionen und vieles mehr passierte, aber niemals wurden die jeweiligen Experten bemüht, und wenn sich die Experten trotzdem äußerten, wurden ihnen von Regierungsseite »Besserwisserei« und »fehlende Nähe zum Volk« vorgeworfen. Mit den Gezi-Protesten begannen die Wissenden endlich ihre Stimme zu erheben. Die Gebildeten im Lande befreiten sich aus der Klemme des Vorwurfs der »Abgehobenheit«, indem sie sich die Erniedrigungen seitens der Regierung ironisch zu eigen und dadurch wirkungslos machten. Humor war nicht nur der verbale Schutzschild des Widerstands, sondern befeuerte ihn gleichzeitig auch.

Nach dem Polizeiübergriff auf ein paar Dutzend junge Leute, die am 31. Mai 2013 ein Sit-in gegen das Bebauungsprojekt am Taksimplatz veranstalteten, beteiligten sich zuerst Hunderte, dann Tausende an den Protesten. In den ersten drei Tagen beschränkte sich die Aktion auf Istanbul, weitete sich dann auf Izmir, Ankara und andere Städte aus. Innerhalb einer Woche griff die Auflehnung auf das ganze Land über. Die Menschen hatten kaum Zeit, den Grund für die Proteste exakt zu formulieren. Jede neue Tränengasattacke und jeder neue polizeiliche Übergriff lieferte einen weiteren Grund zum Widerstand. Währenddessen schwiegen die Medien trotz der überbordenden Gewalt. Zur allgemeinen Überraschung verwandelten sich sogar die unpolitischsten bürgerlichen Bohemiens in kaum zehn Tagen zu Experten im Guerillakampf. Sie können in der Türkei jeden fragen, wie man einen Wasserwerfer stoppt oder die Folgen von Tränengas am besten behandelt. Jeder könnte Ihnen eine ganze Palette an eigenen Erfahrungen schildern. Zwei Wochen lang kochte das Adrenalin. Obwohl es zu Todesfällen kam, Menschen ihr Augenlicht verloren und Hunderte verletzt wurden, schlossen sich Tausende begeistert dem Widerstand an. Politischer Humor und politische Kunst schienen in den vergangenen zehn Jahren von einem Staudamm zurückgehalten worden zu sein, der nun brach und einen gigantischen Strom freiließ. Während der übelsten Auseinandersetzungen nahmen sich die Menschen trotzdem einen Moment Zeit, um Witze zu machen über die Polizei, die Regierung und ganz speziell den Ministerpräsidenten. Da das Gesetz zur Beschränkung des Alkoholkonsums in der Zeit der Proteste erlassen wurde, beendeten die Alkohol trinkenden Demonstranten jeden Tag mit einem Toast: »Auf dein Wohl, Tayyip!«

Meiner Ansicht nach war das der bislang beste Weg, den »Toleranzdiskurs« der perfekten Ehe zwischen Demokratie und gemäßigtem Islam zu entlarven. Mit jedem Witz wurde die Autorität wütender und zeigte offen ihr hässliches Gesicht, das schon immer vorhanden gewesen, bis dato aber von vielen nicht gesehen worden war.

Die intergalaktische Putsch-Lobby!

Ein einfacher, minimaler Wechsel im Diskurs der Opposition in der Türkei war es, der den Damm zum Einsturz brachte und eine Welle des Humors und bei vielen eine Faszination für den Widerstand auslöste. Zehn Jahre lang hatte die Regierung der Opposition vorgeworfen, antidemokratisch zu sein; Terroristen seien sie, mit Verbindung zu anderen Ländern, Feinde der Religion, Elitisten, die das »wahre türkische Volk« erniedrigten, und so weiter und so fort. Die Opposition war nach all den Jahren erschöpft, hatte ihre Energie verschwendet, um zu beweisen, dass diese Vorwürfe haltlos seien. Doch eines Tages – am dritten Tag der Proteste, um genau zu sein –, als der Ministerpräsident die Demonstranten *Tschapulierer* (von *çapulcu*, Plünderer) nannte, erreichten alle den Punkt, an dem sie genug hatten, und riefen: »Oh ja! Wir sind Tschapulierer!« Der Brand griff um sich. All die Erniedrigungen der letzten Jahre wurden ironisch neutralisiert, mittels Übertreibungen auf die Spitze getrieben, was sie ihrer Macht beraubte. Der Ausdruck *çapulcu* fand Einzug in Wikipedia, davon abgeleitet finden sich im Deutschen *tschapulieren*, im Französischen *chapulleur* und im Englischen *chapulling*. Fortan waren die Demonstranten genau das, was der Ministerpräsident ihnen vorwarf: Alkoholiker, Randfiguren, CIA-Agenten, ja sogar Terroristen. Der Gipfel der ironischen Identifikation mit den Erniedrigungen war die *intergalaktische Putsch-Lobby*.

Eine der zahlreichen Verschwörungstheorien, mit denen die Politiker die Demonstranten zu diffamieren versuchten, besagte, dass ein Cyber-Angriff auf die Türkei bevorstünde. Unterstützer der Regierung behaupteten gar, es gebe Leute, die den Ministerpräsidenten mittels telekinetischer Kräfte töten wollten. Daraufhin erklärten die Protestler, sie erhielten ihre Befehle von Gondor, Darth Vader sei ebenfalls Mitglied der

Geheimlobby etc. Graffiti verkündeten: »Wir sind die Soldaten Gandalfs!« Wahnsinn liefert genug Stoff für Witze. Humor vertrieb die Angst vor der Obrigkeit, und in der Folge veräppelte man die angeschlagene Obrigkeit nach Strich und Faden, manchmal, muss ich zugeben, sogar ziemlich gnadenlos.

Glühwürmchen über Gezi

Währenddessen berichteten internationale Medien über Gezi nach dem Motto: »Gott weiß, wie es dazu kam!« *CNN International* nannte die rebellierende Jugend »ideologiefrei«, die Demonstranten bezeichnete man konsequent als »spontan«. Die Definition von Gezi lautete entweder »Zusammenstoß der säkularen und nichtsäkularen Kräfte« oder »Kampf der Kulturen«. Nichts davon ist richtig. Der Widerstand kam weder aus heiterem Himmel, noch war er ideologiefrei, ja nicht einmal frei von politischen Organisationen. Er war entstanden aus der grenzenlosen Angst, die die Regierungsmacht viele Jahre lang verbreitet hatte, und aus der Entschlossenheit der Menschen, sich nicht wie ein Haufen Kinder behandeln zu lassen, sondern wie Erwachsene, die das Recht auf freie Rede haben. Es handelte sich nicht um einen Zusammenstoß der säkularen und nichtsäkularen Kräfte, gewiss aber um einen Zusammenstoß zwischen einer respektlosen Regierung und ihren Oppositionellen. Deswegen standen am Taksimplatz Andersdenkende aus entgegengesetzten politischen Lagern und allen möglichen sozialen Schichten Seite an Seite. Die, die noch eine Woche vor Gezi einander am liebsten umgebracht hätten, standen nun Hand in Hand, als sie mit Tränengas attackiert wurden. Das Tränengas hatte eine magische Macht, es löste den Hass zwischen den politischen Flügeln auf und verwandelte sich in eine verbindende oppositionelle Energie gegen die Macht.

Extreme politische Polarisierungen, tiefe Gräben zwischen den gesellschaftlichen Schichten, ein dreißig Jahre währender und immer wieder auflodernder Bürgerkrieg und viele weitere Gründe sind dafür verantwortlich, dass die Menschen in der Türkei einander nicht besonders mögen. Gemeinsame Codes sind derart rar, dass jeder nur mit seinesgleichen zusammenleben möchte. Die Türkei mag ein verrücktes Land sein, aber anscheinend bewegt sich auch der Rest der Welt in diese Richtung. Wir tun alles Menschenmögliche, um uns vor dem anderen zu schützen. Die Welt suggeriert uns: »Traue niemandem!«, und verkauft uns nebenbei Sicherheit. Sicherheit für unser Geld, Wissen, zwischenmenschliche Beziehungen, Gesundheit, unsere Kinder und so weiter. Und da wir einander nicht mehr trauen, brauchen wir Vereinheitlichung und Vorhersehbarkeit, brauchen wir immer mehr Information. Unser Profil auf Facebook erinnert an unser Datenblatt bei der Krankenversicherung. Meine Bank und mein potenzieller Liebhaber interessieren sich zunehmend für dieselben Dinge. Um das Vertrauensproblem zu lösen, entwickeln wir uns immer mehr zu einem Infotext.

Während all das passiert, schwebt ein Gespenst durch die Welt, das Gespenst des Vertrauens: »Nehmt nicht die Straße X! Dort greifen die Bullen an! Nehmt Straße Y!« Mitten in einem Beinahekrieg, als es um Leben und Tod geht, gibt Ihnen jemand, von dem Sie nicht mehr wissen als seinen Nickname und das, was er auf Twitter schreibt, eine Information – und Sie vertrauen ihm. Sie treffen die Enrscheidung, ihm zu vertrauen. Sie glauben an die Existenz einer Gefühlsgemeinschaft und entscheiden, darauf zu vertrauen, dass Ihr Gegenüber so ist wie Sie. Gezi war keine Revolution, aber es gab eine Revolution des Vertrauensgefühls. Anstatt auf Zeitungen und Fernsehsender, die Millionen in unser Vertrauen investieren, vertrauten die Menschen auf Unbekannte mit lustigen Profilfotos und Nicknames. Instinktiv entschieden sie sich, auf Menschen zu vertrauen und nicht auf Institutionen. In der Türkei leuchteten des Nachts die Handys blau wie Glühwürmchen in die Gesichter der Menschen, und diese Glühwürmchen waren die einzigen Wegzeichen. Kein Fernsehsender und keine Zeitung gaben ihnen so vertrauenswürdige Informationen wie Menschen, die sie gar nicht kannten. Man mag darüber diskutieren, welche politischen Auswirkungen jene Tage auf die Zukunft haben werden, aber eins steht fest: In Ländern, die solche Aufstände erlebt haben, hat es eine große Veränderung in den zwischenmenschlichen Beziehungen, insbesondere in Bezug auf Vertrauen gegeben.

Heute ist es so, dass Gezi-Teilnehmer Nichtteilnehmern nicht mehr vertrauen. Sogar auf Datingseiten stellen die Menschen ihre Gezi-Fotos ein. Eine Freundin erklärte mir letztens ganz offen, sie hätte sich von ihrem Mann scheiden lassen, weil er bei Gezi nicht dabei gewesen war: »Ich kann ihm nicht mehr vertrauen!« Die Menschen betonten bei den Protesten: Wir sind alle verschieden, aber wir vertrauen einander in unserem Verlangen nach Freiheit, Gleichheit und Gerechtigkeit. Wir mögen uns in Herkunft und Glauben voneinander unterscheiden, aber wir vertrauen auf unser Gewissen, unser Gerechtigkeitsgefühl und unsere Menschlichkeit.

Gezi war auch ein Aufruhr gegen das Vergessen. Ich habe in diesem Buch bereits einen Namen erwähnt, den Sie nicht vergessen sollten: Deniz Gezmiş. Er war einer der drei jungen Männer, die 1972 hingerichtet wurden. 2013, mehr als vierzig Jahre später, schmückte schon wenige Tage nach dem Beginn der Proteste sein hübsches Gesicht – Sinnbild der Rebellion –, das zwei Putsche und unzählige rechte Regierungen aus dem kollektiven Gedächtnis zu tilgen versucht hatten, das größte Plakat an einem Gebäude am Taksimplatz. Daneben stand auf einem ebenfalls riesigen Plakat: Beuge dich nicht!

Vieles, das man dreißig Jahre lang der Vergessenheit anheimgeben wollte, brach wieder hervor, doch das Wichtigste dabei war ein Wort: *direniş,* Widerstand!

Der Begriff, der erst aus dem Wortschatz des Staats und dann aus dem kollektiven Gedächtnis getilgt worden war, entwickelte sich mit Gezi zum meistverwendeten Wort der türkischen Sprache. Sogar Menschen, die nicht an den Protesten beteiligt waren, mussten es in ihren Sprachgebrauch aufnehmen. Das Wort Widerstand nicht in den Mund zu nehmen, kam quasi einer Sünde gleich. Die nach dem Putsch geborene Generation hat es ins Türkische reintegriert, und zwar als unverzichtbaren Bestandteil. Dasselbe passierte auch mit dem Ausdruck *örgüt,* Organisation, der seit dem Putsch immer eine illegale Konnotation hatte. Auch der Begriff *dayanışma,* Solidarität, ist kein von Altlinken verwendetes altmodisches Wort mehr, sondern wurde in unserer Sprache zu neuem Leben erweckt. Mit den Wörtern kehrten auch deren Bedeutungen zurück. Gezi war ein Widerstand gegen die zerstörte Bedeutungslandkarte, es war das Bemühen, das in den vergangenen zehn Jahren entstandene Chaos in den Begriffspaaren Gut-Böse, Richtig-Falsch, Schön-Hässlich zu ordnen und alles wieder an seinen Platz zu rücken. Unwissen ist falsch, Wissen ist richtig – und nicht umgekehrt. Sich gegen die Macht aufzulehnen ist gut, aufseiten der Macht zu stehen schlecht, und nicht umgekehrt. Verspiegelte Wolkenkratzer sind hässlich, Bäume schön, und nicht umgekehrt.

Wo steht die Gezi-Bewegung heute?

Nachdem die Nachbeben der Proteste abgeklungen waren, blieben die Demonstranten, all die so unterschiedlichen Menschen, deren Leben von Gezi durcheinandergebracht worden war, in einem seltsamen Seelenzustand zurück. Es herrschte eine Stille, als hätte sich die ganze Bewegung in ihre Gräben zurückgezogen. Eine allgemeine Empfindungslosigkeit, eine tiefe Apathie und Teilnahmslosigkeit und ein Gefühlsverlust.

Natürlich haben die Oppositionellen berechtigte Gründe. Sie sind wie geprügelte Hunde. Unter Tausenden reicht allein dieses Beispiel: Der vierzehnjährige Berkin Elvan wird von einer Tränengaspatrone am Kopf verletzt und stirbt mit fünfzehn im Krankenhaus. Während der damalige Ministerpräsident Erdoğan auf einer Parteikundgebung Berkins Familie als Terroristen ausbuhen lässt, erklärt eine Frau mittleren Alters Erdoğan ihre Liebe mit den seltsamen Worten: »Lass mich ein Haar in deinem Arsch sein.«

Wenn man solche Situationen wieder und wieder erlebt, mag sich der Geist hilflos fühlen und zum Selbstschutz verstecken und schlafen. Ist das aber der Grund? Vielleicht liegt die Verwirrung eher daran, dass wir, die wir doch genau wussten, wogegen wir demonstrierten, uns nun davor drücken, genau zu definieren, was wir eigentlich wollen. Unsere Ziellosigkeit ließ uns in alle Richtungen rennen, und nun sind wir vollkommen erschöpft. Wenn wir die während Gezi so populär gewordene Frage »Was wollen wir?« gründlich diskutieren, kann sich unsere Lage vielleicht ändern. Völlig klar ist, dass wir etwas Kompliziertes wollen.

Wollten wir unsere Wünsche kurz auflisten, kommt etwa Folgendes heraus:

Eine Bewegung sein, aber keine Organisation.

Eine Kraft sein, aber keine Macht.

Zusammenarbeiten, aber ohne hierarchische Strukturen.

Aktionen organisieren, aber spontan bleiben.

Einzigartige Individuen in einer Gemeinschaft sein.

Eine neue Sprache entwickeln, bei der das Wort nicht zum inhaltslosen Schlagwort wird.

Fasst man diese Schlagworte zusammen, dann entsteht das Bild einer echten Zivilgesellschaft. Denn genau das waren die Demonstranten von Gezi in all ihrer Heterogenität – die Miniaturversion einer echten Zivilgesellschaft. Und das in einem Land, in dem die Gesellschaft doch nie zivil sein durfte. Ich gehöre einer Generation an, die noch nicht verloren hat, aber aus Furcht vor der Niederlage den Namen des Pferds nicht nennen möchte, auf das sie gesetzt hat. Wir schweigen, weil wir die Liste unserer Forderungen nicht offen vorgelegt haben. Wir schweigen, und zwar nicht wegen des Schmerzes der gerade kassierten Ohrfeige oder aus Angst vor einer weiteren, sondern weil wir nicht genau wissen, was wir sagen sollen.

Jetzt, kurz vor Cihangir, schweigen der Taxifahrer und ich. Denn syrische Flüchtlingskinder umzingeln uns und betteln auf Arabisch. Sie sind barfuß, und sie sind viele. Sehr, sehr viele. Sie haben Hunger. Sie gibt es auch noch. Millionen neue Gesichter, die sich zu den hungrigen Armen der Stadt hinzugesellen. Man tut so, als gäbe es sie nicht. Dabei wächst innerhalb der Türkei ein weiteres, unsichtbares Land. Darüber sollte man ein paar Worte verlieren, bevor wir nach Cihangir kommen und ein paar lustige Szenen erleben.

Die Kinder der *Null Problem*-Politik

Anfangs kamen die syrischen Kinder zu Dutzenden, dann zu Hunderten und bevölkerten schließlich zu Tausenden die türkischen Straßen. Schmutzig, hungrig und ohne Sprache. Immer wieder wiederholen sie die wenigen türkischen Wörter, die sie gelernt haben. An Ampeln warten sie, bis der Verkehr zum Stillstand kommt, um sich sogleich an die Scheiben der Fahrzeuge zu kleben. Manche sind höchstens fünf Jahre alt.

Türkisch lernen sie aus dem Wörterbuch des Bettelns. Sie sind zu klein, um zu wissen, dass sie Opfer einer völlig aus dem Lot geratenen Außenpolitik der Gier und Phantasterei sind. Aber bald werden sie heranwachsen und lernen, dass der Anfang der Geschichte, die sie hoffnungslos zwischen den Autos hin und her rennen lässt, viele Jahre zurückliegt.

Alles begann, als am 11. September jene Flugzeuge in die New Yorker Türme flogen. Von da an hieß es in der internationalen Politik: »Entweder ihr seid für uns oder gegen uns!« Der Politiker, der von dieser Entwicklung vielleicht am meisten profitierte, hieß Recep Tayyip Erdoğan: der neue, junge, muslimische Regierungschef eines zufällig demokratischen Landes, von dem es immer heißt, die Bevölkerung sei mehrheitlich muslimisch. Er positionierte sich geschickt als Verfechter des Sicherheitskonzepts nach dem 11. September, als ambitionierter Partner der neoliberalen Politik in der Region und war in den Augen Washingtons das Musterbeispiel des guten Muslims. Die USA waren froh, gegen »terroristische Muslime« ein attraktiveres Rollenvorbild gefunden zu haben als die Saudis. Das islamische NATO-Mitglied Türkei war zum Musterschüler des Westens im Osten geworden. Wenn Erdoğan in der Innenpolitik auch die Devise vertrat: »Es gibt nur einen einzigen Islam, ein gemäßigter Islam existiert nicht!«, so sehr gefiel es ihm, sich international als *der neue Führer des gemäßigten Islam* zu präsentieren und als solcher die Titelseite des *Time Magazine* zu schmücken. Die Verbindungen der Gemeinde um Fethullah Gülen mit Washington waren dabei von großem Nutzen.

Die Berichte der internationalen Think-Tanks lasen sich, als stünden sie in einem Wettstreit um das größte Lob der Demokratie in der Türkei. Ach, welch herrliche Tage das waren! Dann wurde der Irak besetzt, und Erdoğan machte sich lauthals dafür stark, auch die türkische Armee in die multinationalen Streitkräfte zu entsenden. Doch Hunderttausende beteiligten sich an einer Antikriegsplattform – ich war einer der beiden Sprecher –, deren Arbeit es zu verdanken war, dass das Parlament den Einmarsch der türkischen Armee in Irak ablehnte. Unter uns gesagt, hat die AKP-Regierung berechtigten Grund, wütend auf mich zu sein. Der Ministerpräsident war zornig auf Leute wie mich, weil wir den Einsatz der türkischen Armee verhindert hatten, aber irgendwie gelang es ihm, den Parlamentsbeschluss gegen die Kriegsteilnahme, zu dem er selbst nichts beigetragen hatte, zu seinem Vorteil zu nutzen. Bei einem Besuch im Libanon sah ich ein Plakat, auf dem Hugo Chávez und Erdoğan als Gegner der Irak-Invasion dargestellt wurden. Darunter die Frage: »Und wo sind die Araber?«

In den arabischen Straßen wurde Erdoğan als Held gefeiert, der den USA die Stirn bot. In späteren Äußerungen gelang es ihm immer wieder, sich so zu präsentieren, als hätte er selbst von Anfang an eine Beteiligung am Irakkrieg abgelehnt. Inzwischen haben Sie eine Vorstellung von den politischen Manövern der AKP und des Ministerpräsidenten, weswegen Sie das nicht allzu sehr verwundern dürfte.

Nun begann die Prunkzeit der AKP-Außenpolitik. Der Ministerpräsident sprach von »unseren Brüdern im Nahen Osten«, von »kultureller Nähe« und ließ schließlich die Bombe platzen: die Nahost-Öffnung! Die Visumspflicht mit Ländern in Nahost, von denen man sich seit Republikgründung kulturell und politisch distanziert hatte, wurde aufgehoben. Handelsbeschränkungen wurden gelockert, die Staatschefs besuchten einander und tranken zur Demonstration ihrer engen nachbarschaftlichen Beziehungen gemeinsam Mokka. Kurz vor Beginn des Aufstands in Syrien bezeichnete Tayyip Erdoğan Baschar al-Assad als seinen Bruder. Doch das wurde schnell vergessen, als der Ministerpräsident begann, seine Politik gegen das dortige System auszurichten.

Erdoğan war es gelungen, die Türkei urplötzlich zu einem

attraktiven Akteur in der Weltpolitik zu stilisieren. Soli Özel, Professor für Internationale Beziehungen in Istanbul, erklärt diesen steilen Aufstieg zum Star der Region folgendermaßen:

»Die Stärkung des außenpolitischen Profils der Türkei vollzog sich in einer besonderen regionalen und internationalen Konjunktur. Das Unvermögen der USA, die Folgen des Irakkriegs zu kontrollieren, führte im Irak zu einer Eskalation der Gewalt. Eine weitere Konsequenz des Kriegs in der Region war, dass der Iran durch die Hisbollah im Libanon und durch die Hamas in Palästina an Einfluss gewann und sich so zu einer festen Größe im östlichen Mittelmeer entwickeln konnte. Mit dem Sturz Saddam Husseins verschob sich durch den Herrschaftsverlust der bis dato dominierenden Sunniten das existierende Kräftegleichgewicht zugunsten der Schiiten, was wiederum dazu führte, dass der Iran nach etwa drei Jahrhunderten wieder zu einer ernst zu nehmenden Stimme in der Region wurde.

Der Irakkrieg schuf neue Realitäten, von denen sowohl der Iran als auch die Türkei profitierten. Ankara nutzte den Vorteil, mit allen Gruppen kommunizieren zu können und wurde somit zu einem Akteur, auf dessen Stimme man hörte. Trotz des enormen Drucks vonseiten der USA stellte die Türkei die Beziehungen mit dem Iran und Syrien nicht ein, sondern intensivierte sogar die wirtschaftliche Zusammenarbeit mit beiden und den übrigen Ländern der Region. Man strebte die Rolle des Vermittlers zwischen dem Iran und dem Westen an. Die Türkei machte erhebliche Vorschritte auf dem Weg zu einem Friedensvertrag zwischen Israel und Syrien, bis es mit dem Angriff Israels im Gazastreifen im Jahr 2009 zum Abbruch der Verhandlungen kam.«

An dieser Stelle ist eine Erklärung vonnöten. Die auffälligste Parole der türkischen Außenpolitik in dieser Periode lautete: »Null Probleme mit den Nachbarn!« Dieser Ausspruch stammte von dem Politologen und späteren Ministerpräsidenten Ahmet Davutoğlu. Das klang nach einer prima Idee, denn die Türkei war ein einsames Land, das sich seit seiner Gründung von »Feinden umzingelt« fühlte. Endlich würden die bösen Geister jenseits der Grenzen verschwinden und normale Beziehungen zu Armenien, Iran, Irak, Syrien und anderen Ländern in der Region geknüpft werden. Das sah der Plan zumindest vor. Und anfangs schien er auch aufzugehen.

»Laut dem Grundsatz *Null Probleme mit den Nachbarn* unternahm die Türkei Schritte zur Erleichterung der wirtschaftlichen Integration. Die Abschaffung der Visumspflicht vereinfachte den Handel mit den Nachbarländern. Kulturelle Exporte wie türkische TV-Serien machten die türkische Lebensweise, die Demokratie und den Wohlstand des Landes populär. Dazu kam die *sanfte Macht*, die sich aus dem EU-Beitrittsprozess nährte. Das Land wurde zu einem Anziehungspunkt für die ganze Region. Die Türkei galt als *zentrales Land* in den umliegenden Regionen. Mit diesem Begriff wurde der in der türkischen Außenpolitik tief verwurzelte *Wunsch, allein zu agieren*, stärker in den Vordergrund gerückt. Aufgrund ihres zunehmend gestärkten Profils, dem historischen und politischen Erbe und ihrer strategischen Lage erwartete man von der Türkei eine Politik innerhalb eines eigenen Aktionsraums.

Nach den Aufständen im arabischen Raum, die 2011 ihren Anfang nahmen, änderte sich das Klima in der Umgebung der Türkei noch einmal in eine unvorhergesehene Richtung. Der Wandel, den sich die Bevölkerung bei der Revolte mit ihrer Forderung nach Demokratie erhofft hatte, blieb aus. Mit Ausnahme von Tunesien ging der Demokratisierungsprozess in keinem Land des Arabischen Frühlings voran. Nach den arabischen Aufständen zog die Türkei erneut internationales Interesse auf sich. Als eine *sanfte Macht*, als demokratisches und ins westliche System integriertes islamisches Land übertrug man ihr von westlicher Seite die Rolle eines ›Modell-Landes‹.

Die Völker in ihrem Aufstand gegen die tyrannischen Regime zu unterstützen, war in der Politik jener Periode die richtige und moralische Haltung. Allerdings war Ankara nicht imstande, das Kräfteverhältnis im Nahen Osten richtig zu interpretieren. Die Türkei konnte nicht abschätzen, welche politischen Routen die Länder der Region verfolgten, die zwar alle muslimisch sind, aber sehr unterschiedliche Interessen haben. Paradoxerweise begriff man erst nach dem Rückzug der amerikanischen Soldaten, dass es eigentlich die Präsenz der USA im Irak war, die die Ausweitung des Handlungsspielraums der Türkei bewirkte. Meiner Ansicht nach machte Ankara darüber hinaus zwei weitere Fehler:

1) Bis zum Beginn der Aufstände in Syrien im März 2011 war die Türkei ihrer überkonfessionellen Politik treu gewesen, entschied sich dann jedoch zur Abkehr, weil sie das Baath-Regime nicht von einer friedlichen Lösung überzeugen konnte. Sie ergriff Partei im syrischen Bürgerkrieg und öffnete ihre Grenzen für die oppositionellen Gruppen. Drei Jahre später herrschte die einhellige Meinung, dass Ankara zu den wichtigsten Unterstützern der sunnitischen Dschihadisten gehörte.

2) Wegen der ideologischen Nähe der AKP zur Muslimbruderschaft in Ägypten zeigte Ankara ein starkes Engagement für die dortige Regierung. Dies führte

zu einer Verschärfung in der Rhetorik der an und für sich moralisch und politisch richtigen Verurteilung des Putschs und zum Abbruch der Beziehungen mit Ägypten. Zudem kam es zu einer Distanzierung zwischen der Türkei und den Golfstaaten um Saudi-Arabien – insgesamt eine weitere unschöne Komponente in den Beziehungen zum Westen.

Die im Juni 2013 kurz vor dem Putsch in Ägypten beginnenden Gezi-Proteste haben dem in den vergangenen zehn Jahren penibel aufgebauten demokratischen Image der Türkei einen irreparablen Schaden zugefügt. Die Reaktion der AKP-Regierung auf die Proteste, die Polizeigewalt und deren Absegnung durch die Regierung machten alle Chancen der Türkei zunichte, eine demokratische, ja sogar liberale Vorbildfunktion im Nahen Osten einzunehmen.«

Am Ende dieser Zusammenfassung der letzten zehn Jahre sollte Folgendes gesagt werden: Ausgerechnet Kinder mussten den Schlingerkurs der türkischen Außenpolitik ausbaden.

Im August 2013 eröffneten Einheiten der ägyptischen Armee und der Polizei das Feuer auf Anhänger der Muslimbruderschaft. Unter den Dutzenden Todesopfern des Massakers von Rabia war auch die siebzehnjährige Esma. Ministerpräsident Erdoğan war vom Schicksal des Mädchens derart bewegt, dass er sie vor laufenden Kameras beweinte. AKP-Anhänger organisierten Demonstrationen für Esma und die übrigen Opfer. Fernsehsender und Zeitungen platzierten das *R4bia*-Zeichen neben ihr eigenes Logo. Es symbolisiert Rabia, was auf Arabisch vier bedeutet.

Das alles hätte man als Zeichen menschlicher Sensibilität und Solidarität werten können, wären da nicht die sechs Jugendlichen gewesen, die zur selben Zeit durch Polizeigewalt in der Türkei getötet wurden. Für keinen einzigen während Gezi durch Polizeigewalt getöteten Jugendlichen vergoss Ministerpräsident Erdoğan auch nur eine Träne, geschweige denn, dass er dessen Namen in den Mund genommen hätte. Stattdessen redete er über Esma. Berkin Elvan, der während Gezi zum Brotkaufen auf die Straße gegangen und am Kopf von einer Tränengasgranate verletzt worden war, erwähnte Erdoğan nur, um die Familie des Vierzehnjährigen bei Kundgebungen von der Menge als »Terroristen« ausbuhen zu lassen. Währenddessen lag der Junge im Krankenhaus im Koma und wartete auf den Tod. Berkin Elvan verstarb wenige Wochen nach seinem fünfzehnten Geburtstag. Bei seinem Tod wog er weniger als sein Sarg.

Angesichts dieser Gnadenlosigkeit gerieten unzählige Menschen außer sich vor Empörung. Zwei von ihnen waren Sezgin Tanrıkulu und Rıza Türmen, beide Abgeordnete der CHP. Die Bilanz der Grausamkeit der Regierung gegenüber Kindern war ihrem Bericht zufolge katastrophal:

»Zwischen dem Mord an dem zwölfjährigen Uğur Kaymaz vor seiner Haustür im Jahr 2004 und dem Mord an dem vierzehnjährigen Berkin Elvan, der während der Gezi-Proteste zum Brotkaufen auf die Straße gegangen war, hat sich an der Kinderjagd der AKP nichts geändert. Angefangen bei Uğur Kaymaz, gingen die Mörder all dieser Kinder entweder straffrei aus oder erhielten lächerliche Strafen. 2006 wurden 18, 2007 3, 2008 1, 2009 12, 2010 14 und 2011 31 Kinder getötet. Von den 2011 in Roboski ermordeten 34 Menschen waren 22 Kinder. 2012 wurden 10, 2013 1 und 2014 3 Kinder getötet. Bei den Vorfällen in Cizre im Januar 2015 verloren 6 Personen ihr Leben, 4 davon waren Kinder.«

Was Kinder anbelangt, wird die AKP-Regierung allerdings, so denke ich, mit dem Namen Pozantı in die Geschichte eingehen. Im Februar 2012 berichtete die Nachrichtenagentur *Dicle*, eine unabhängige Webseite, die sich hauptsächlich mit kurdischen Belangen beschäftigt, über Vorfälle im Jugendgefängnis von Pozantı in der Provinz Adana. Mehreren kurdischen Kindern waren während ihrer Haftzeit Misshandlungen zugefügt worden. Sieben Kinder hatten schriftlich von Vergewaltigung, sexueller Belästigung und Misshandlungen durch das Gefängnispersonal, erwachsene Insassen und Soldaten berichtet. Manche von den Kindern waren auf Grundlage der Antiterrorgesetze in Haft, nach denen Minderjährige wie Erwachsene behandelt werden.

Im Juni 2014 verfasste die Human Rights Foundation einen weiteren Bericht über acht Kinder, mit denselben Vorwürfen gegen die Gefängnisverwaltung. IHD und HRF legten dem türkischen Justizministerium die Aussagen und medizinischen Gutachten von fünfundzwanzig Kindern vor. Die Aussage eines der Kinder endete mit den Worten: »Ich wollte mich umbringen, aber dann dachte ich an meine Mutter und brachte es nicht fertig.« Die Vorfälle beschränkten sich nicht auf Sexualstraftaten. Zu den Misshandlungen gehörten auch regelmäßige Prügel durch die Vollzugsbeamten, rassistische Beleidigungen, Zwangsarbeit und Stockschläge auf die Fußsohlen, eine alte und sehr beliebte Foltermethode. Außerdem wurden die Kinder kopfüber an einem Basketballkorb aufgehängt, bis sie erste Anzeichen von Ersticken zeigten. Medizinische Versorgung wurde ihnen verweigert.

Die Medien ignorierten die Vorfälle. Denn die Regierung wünschte keine Meldungen über »kurdische Angelegenheiten« zu hören. Erst nachdem es einen Aufschrei bei Twitter gegeben hatte, begannen sie über die Vorkommnisse zu berichten. Beinahe ein Jahr nach den ersten Meldungen über die Misshandlungen äußerte sich der Justizminister erstmals in einer Stellungnahme. Zur Lösung des Problems hatte man sich etwas einfallen lassen, das man nur als *brillant* bezeichnen kann. Die Kinder sollten in eine andere Haftanstalt verlegt werden, und zwar in eine frisch gestrichene! Im neuen Gefängnis in Sincan am Stadtrand von Ankara waren die Zellenwände grün angestrichen, mit lächerlichen Bildern von Delfinen und Blumen, um die gemarterten Kinder aufzumuntern. Zudem sollten die Kinder einzeln in kameraüberwachten Zellen untergebracht werden. Das also war der behutsame Umgang, den sich das Justizministerium für vergewaltigte und gefolterte Kinder ausgedacht hatte.

Die Angelegenheit hätte nur eine weitere bestürzende Geschichte über das Schicksal kurdischer Kinder sein können – doch sie ist noch nicht zu Ende. In diesem Fall bekam das Wort *bestürzend* in der Türkei eine völlig neue Bedeutung. Wir erfuhren nämlich durch einen Bericht der stärksten Oppositionspartei CHP, dass der Gefängnisleiter von Pozantı vom Justizministerium nach Sincan versetzt worden war und die Kinder bei ihrer Ankunft bereits erwartete. Sein Stellvertreter in Pozantı, dessen Name übrigens am häufigsten in den Aussagen der Kinder auftauchte, wurde nach Van versetzt, wo er seine Fertigkeiten weiterhin unter Beweis stellen konnte. Aber das war immer noch nicht alles. Am selben Tag nämlich fand eine groß angelegte Polizeioperation gegen die Nachrichtenagentur *Dicle* statt. Die drei Reporter, die über Pozantı berichtet hatten, wurden unter dem Vorwurf der Mitgliedschaft in der KCK (Union der Gemeinschaften Kurdistans), einem städtischen Ableger der PKK, festgenommen.

Die Geschichte geht noch weiter. Es tauchte ein Brief von Çağdaş Ersöz auf, der gegen den Bau von Wasserkraftanlagen protestiert hatte und zwei Monate in Sincan inhaftiert gewesen war. Auch dort kam es zu ähnlichen Fällen von Vergewaltigung und Misshandlungen, aber man hatte sich noch etwas Eigenes ausgedacht: den Soft-Raum! Laut Çağdaş wussten alle, inklusive der Ärzte, von der Existenz dieses geheimen Raums, den die Vollzugsbeamten auf ihre ganz spezielle Weise nutzten. Prügel, Schläge auf die Fußsohlen, Fesseln der nackten Insassen, die der Kälte ausgesetzt werden, sind nur ein paar Methoden unter den vielen Formen der Gewaltanwendung. Çağdaş zufolge beging am Tag seiner Inhaftierung ein Kind Selbstmord, ein weiteres wurde von einem älteren Häftling vergewaltigt. Ob die Kinder von Pozantı sich wohl nach den Sitzungen im Soft-Raum in ihren grünen Zellen erholen konnten und von Delfinen träumten?

Um diese Kinder vergoss der Ministerpräsident keine Träne, denn im Gegensatz zu Esma waren sie für seine politischen Zwecke ungeeignet. So wie Tausende syrische Kinder, die ohne Zukunft durch die Straßen türkischer Städte laufen und betteln. Syrische Kinder oder die von Pozantı sind keine Kinder, wie sie Tayyip Erdoğan gefallen. Und wie sehen Kinder aus, die ihm gefallen? Zum Beispiel so: Während der Gezi-Proteste hielt der Ministerpräsident eine Reihe von Kundgebungen ab. An einer dieser Kundgebungen nahm ein kleines Mädchen namens Zeynep Serra teil. Auf dem Plakat, das von allen Zeitungen abgedruckt wurde, stand der Slogan wie aus dem Mund eines sechsjährigen Mädchens: »Mein Mann soll religiös sein und nicht saufen oder tschapulieren.«

Zeynep würde also keinen Gezi-Teilnehmer heiraten, und weil die AKP-nahen Medien das so süß und wichtig fanden, brachten sie ihr Bild auf den Titelseiten.

Sollte Ihnen das Herz schwer genug geworden sein und sich Ihr Magen ausreichend umgedreht haben, können wir in Cihangir nun endlich über leichtere Themen plaudern. Und wenn Sie dort ein Graffiti lesen, das aus Gezi-Zeiten stammt und versehentlich noch nicht grau übertüncht wurde, werden Sie wahrscheinlich besser verstehen, was eine Gesellschaft, die tagtäglich mit Nachrichten wie die über Pozanti konfrontiert ist, während Gezi empfand: »Bringt uns ruhig um, verdammt! Schlimmer kann's nicht kommen!« Und gleich darunter ein typischer Gezi-Scherz: »Jungs, der Mann hat recht!«

Macbeth in Hackbällchen des Volkes ertränkt!

Cihangir ist zwar das Soho Istanbuls und eigentlich ein ziemlich reiches Viertel, aber die Straßen sind in einem miserablen Zustand. Überall gibt es Schlaglöcher. Die Bewohner sind ziemlich einhellig der Meinung, dass die AKP-Stadtverwaltung die Straßen zur Strafe für ihr Verhalten während der Gezi-Proteste nicht repariert. Höchstwahrscheinlich liegen sie mit ihrer Vermutung richtig, denn beim letzten Versuch des AKP-Bürgermeisters, Cihangir zu besuchen, überschüttete man ihn mit üblen Beleidigungen, und er konnte das Viertel nicht einmal betreten. Eine richtige Institution von Cihangir ist die Teestube im Vorhof der Moschee im Zentrum des Viertels. Wer sitzt in diesem Teegarten? In diesem Teegarten sitzen *die*. Und wer sind *die*? Überlassen wir die Antwort unserem damaligen Ministerpräsidenten, schließlich ist er ja quasi der Erfinder dieses Begriffs. In Kahramanmaraş, einer Festung der Rechten und des Nationalismus, hetzte Erdoğan am 8. Mai 2012 wieder einmal zornig die Massen auf. Die Stadt Maraş, der 1973 für ihren »heldenhaften Widerstand im Befreiungskrieg« der Titel *kahraman*, zu Deutsch Held, verliehen wurde, ist auch berühmt für das Massaker an Aleviten im Jahr 1977. Für Erdoğan eine hervorragende Wahl, um über Künstler, Intellektuelle und Journalisten herzuziehen:

»Liebe Brüder und Schwestern, *die* machen Kunst um der Kunst willen. *Die* machen Kunst nicht für das Volk. *Die* sind Elitisten. *Die* sind Jakobiner. *Die* erlauben anderen niemals den Zugang in ihre eigenen Kastensysteme. Nur *die* verstehen etwas von Theater, glauben sie. Nur *die* verstehen etwas von Kino, Musik, Bildhauerei, Malerei, Literatur. *Die* mögen das Volk nicht, *die* mögen den Schweiß nicht, den das Volk vergießt, *die* missachten die Wünsche des Volkes. Jahrelang haben *die* das Volk mit Karikaturen verhöhnt. Jahrelang verhöhnt in ihren Kolumnen und ihren Fernsehern. Jahrelang haben *die* in ihren Theaterstücken, ihren Filmen und Artikeln die wahren Diener dieses Landes – die religiösen Männer – verhöhnt. Was sagen wir? Wir sagen jetzt: Ihr wollt Theater spielen, Brüder? Dann werdet aktiv und baut euch euer eigenes Theater auf, beteiligt euch als Privatsektor an diesem Bereich. Wir stellen euch Bühnen zur Verfügung, und wenn unseren Prüfern ein Drehbuch gefällt, werden wir es finanziell unterstützen. Aber so locker wie bisher wird es nicht zugehen. Geht los und werdet aktiv, seid frei, seid unabhängig. Der Staat wird sich von der Theaterbühne zurückziehen, aber ihr bleibt auf der Bühne!«

Diese Rede ist ein perfektes Beispiel für den Diskurs, den Erdoğan seiner Anhängerschaft jahrelang eingetrichtert hat. Er zielt darauf ab, die Privatisierung der staatlichen Theater voranzutreiben, als Beitrag zur Schaffung einer konservativen Kultur und Kunst. Gleichzeitig arbeitet er an der Legitimierung des Plans der AKP-Regierung, die Intellektuellen, Künstler und quasi alle gebildeten Menschen aus der Gesellschaft auszugrenzen oder völlig zu ignorieren. In den letzten Jahren spielte sich nach diesen und ähnlichen Reden der AKP-Regierung stets dasselbe ab. Ein paar Beispiele:

Das Kulturministerium plante eine Kontrolle der Vergabe von Fördermitteln an Privattheater unter dem Gesichtspunkt des »allgemeinen sittlichen Empfindens«. Dieses Vorhaben mündete in dem Gesetzentwurf »Kunstinstitution der Türkei« (TÜSAK), der die Prüfung und Finanzierung staatlicher und privater Kunst- und Kulturinstitutionen vorsieht. So wurde die gesetzliche Grundlage einer staatlichen Zensur vorbereitet. Mit den Anträgen auf Fördermittel mussten die Privattheater nun auch den Text des geplanten Stücks beim Kulturministerium einreichen (2013).

Shakespeares *Macbeth* wurde aus dem Repertoire der Staatstheater gestrichen (2014).

Şevket Demirkaya, früherer Ringkampfschiedsrichter und Direktor im Ordnungsamt, wurde Leiter der Städtischen Bühnen Istanbuls (2014).

Genco Erkals Theater – Erkal ist einer der bekanntesten Theatermacher der Türkei – wurde wegen seiner Unterstützung der Gezi-Proteste die Förderung des Kulturministeriums entzogen (2013).

In der Staatsoper und im Staatsballett wurde das Tragen einer ganzen Reihe von Kostümen verboten, inklusive Strumpfhosen (2014).

Erdoğans Bemühen gilt natürlich nicht nur dem Theater. Er versteht sich auch auf die Bildhauerei. Am 8. Januar 2011, während des Wahlkampfs, brüllte der Ministerpräsident in der aus Orhan Pamuks Roman *Schnee* bekannten Stadt Kars: »Ein Monstrum!«

Bei besagtem Monstrum handelte es sich um ein gigantisches Monument. Der Erdoğans Partei angehörende Bürgermeister der an der Grenze zu Armenien gelegenen Stadt hatte ein Friedensdenkmal errichten lassen, das auch von Jerewan aus zu sehen war. Kaum hatte der renommierte Bildhauer Mehmet Aksoy sein Werk vollendet, stellte sich heraus, dass es nicht nach Erdoğans Geschmack war. Er nannte das Denkmal ein »Monstrum«, und bald darauf wurde es entgegen aller Gerichtsurteile und mit hohem finanziellen Aufwand wieder demontiert. Als das Denkmal zersägt wurde, riefen AKP-Anhänger: »*Allahu ekber*, Gott ist groß!«

Wem meine Äußerung, die Türkei erinnere gelegentlich an ein Afghanistan mit schickerer Optik, bislang übertrieben vorgekommen war, dürfte spätestens in jenen Tagen dieselben Sorgen verspürt haben wie ich.

Auch auf dem Gebiet der Musik ist Erdoğan Experte. Aus diesem Grund ließ er die Werke des weltberühmten Pianisten und Komponisten und AKP-Regierungskritikers Fazıl Say aus dem Repertoire des Symphonieorchesters des Staatspräsidenten streichen.

Am erschreckendsten war jedoch eine Formulierung des Innenministers Muammer Güler vom Dezember 2011. Originalton des Ministers: »Aktivitäten des Terrors finden im hinteren Garten statt, wobei der hintere Garten Istanbul ist, Izmir, Bursa, Wien, Deutschland, London, der Universitätslehrstuhl, der Verein oder die gemeinnützige Organisation. Je nach Ort singen sie bloß, aber wenn zwischen drei Liedern einer von denen dem Zuschauer was sagt, dann plappert er einen schönen Satz raus. Nimm's, wie's kommt, versteh's, wie du willst. Kunst wird auf der Bühne gemacht. Was will man dagegen tun? Wir sind nicht gegen Kunst, aber wir müssen all das mit der Präzision eines Chirurgen differenzieren.«

Ich wünsche der Übersetzerin dieser Zeilen gutes Gelingen. Dieses holperige Regierungstürkisch kann einen um den Verstand bringen.

Die Rede des Innenministers war ein Vorbote weiterer Festnahmen, motivierte jedoch Künstler zu einer parodistischen Unterschriftenaktion: »Verbietet die Kunst! Kunst muss als Terror definiert werden!«

Nun sitzen wir also in Cihangirs meistbesuchtem Teegarten an der Firuzağa-Moschee. Ein traditionelles Teehaus im Vorhof der Moschee. Während jedes Gebetsrufs verstummen die Gespräche, weil man wegen der Lautstärke sein eigenes Wort nicht versteht, und schlürft seinen Tee. Wenn der Gebetsruf gerade nicht erschallt, unterhalten sich Künstler, Schauspieler und Intellektuelle über dieselben Themen wie ihre Kollegen in anderen Großstädten überall auf der Welt. In der Istanbuler Kunstszene nennt man diesen Ort auch gern »Handlangerbörse«, weil Theaterschauspieler und Seriendarsteller beinahe den ganzen Tag dort verbringen. Egal, mit welchen von Erdoğan als *die* bezeichneten Leuten Sie in diesem Teegarten über tagespolitische Themen reden, oder wen Sie dazu befragen, Sie werden wütende Antworten bekommen. Wenn Sie allerdings fragen, was denn nun die Wünsche des Volkes seien, über die man sich hier laut Erdoğan lustig macht, dürften Sie eine Menge Spaß haben.

Werfen wir einen Blick auf die Wünsche »unseres Volkes«: Was Statuen anbelangt, ist unser Volk mit zwei dominanten Varianten konfrontiert. Die eine sind Atatürk-Statuen, die Ihnen auf Schritt und Tritt begegnen und insbesondere nach 1980 wie Pilze aus dem Boden schossen. Atatürk sitzt auf seinem Pferd und weist den Armeen das Ziel, Atatürk weist einem jungen Mann den Weg, Atatürk weist jungen Frauen und Männern die richtige Richtung, Atatürk weist nirgendwohin und steht einfach nur da.

Die andere Variante, die den Atatürk-Statuen, -Büsten und -Reliefs die Vorherrschaft streitig macht, ist die Flut an Monumenten des »berühmtesten Produkts der Stadt«, häufig nichts anderes als aus Plastik gefertigte Produkte der Region. Das kann in Malatya die Aprikose sein, in Diyarbakır die Wassermelone und in İnegöl ein auf eine Gabel aufgespießtes Hackbällchen. Am beängstigendsten ist meines Erachtens die Vankatzen-Statue in Van. Eine überdimensionale Katze mit zornigem Blick erwartet Sie an der Stadtgrenze.

Auch an den Poesiegeschmack unseres Volkes legten die Regierung und Erdoğan Hand an. In der Fernsehankündigung für das Gedenken an die Schlacht von Gallipoli deklamierte Erdoğan – in brüllender Lautstärke – höchstpersönlich ein nationalistisches, konservatives Gedicht.

Auch was das Filmgeschäft anbelangte, ließ man unser Volk nicht herrenlos, sondern kredenzte ihm staatlich geförderte Big-Budget-Produktionen.

Die Literatur ist ein Thema für sich. Vor allem in den letzten fünf Jahren wurden relativ unbekannte konservative Autoren zu Literaturfestivals ins Ausland geschickt, um unser Volk zu repräsentieren. Autoren und Schriftsteller dagegen, die Erdoğan ein Dorn im Auge sind, wurden, wenn sie ihre Meinungen im Ausland äußerten, als »Vaterlandsverräter« abgestempelt und so in ihre Schranken gewiesen. Durch die Umstrukturierung der Förderung von Übersetzungen türkischer Literatur in andere Sprachen wurde mit »chirurgischer Präzision« dafür gesorgt, dass nur noch der Regierung genehme Autoren übersetzt werden.

Macbeth wurde letztlich in den Hackbällchen unseres Volkes ertränkt, und während seiner Beerdigung brachte man unser Volk dazu, ihn nach Herzenslust auszubuhen.

Das sind die Themen, über die gerade all die in Cihangir lebenden Künstler, Schauspieler, Schriftsteller und Journalisten reden. Nach einer Weile brechen sie in irres Gelächter aus. Denn außer den winzigen Privattheatern und den kleinen Satiremagazinen, die ständig neu gegründet werden, bewegt sich nicht viel hier. Manche mussten jedoch einen viel höheren Preis dafür zahlen, dass Erdoğan all *die* zur Zielscheibe gemacht hatte, die nicht konservativ, sunnitisch, männlich und so waren wie er.

Wie so viele Journalisten verlor auch mein Freund und Kollege Nuh Köklü nach den Gezi-Protesten seinen Job. Auch er musste das Schicksal derer teilen, die sich um objektive Berichterstattung bemüht hatten. Nuh war Mitglied eines der nach Gezi entstandenen Stadtteilkomitees. In seiner Freizeit fütterte er streunende Hunden und Katzen. Nuh war sechsundvierzig, ein langhaariger Linker, ein Journalist, den man in die Arbeitslosigkeit geschickt hatte, und der nicht etwa »die Armut gewählt hatte«, wie der Fernsehsender, der ihn gefeuert hatte, es in dem Bericht über seinen Tod formulierte.

An jenem Abend, auf dem Heimweg von einer Demonstration gegen das neue »Gesetz zur Inneren Sicherheit«, das der Polizei unvorstellbare Kompetenzen einräumt, lieferte sich Nuh zu vorgerückter Stunde mit Freunden eine Schneeballschlacht. Sein Schneeball prallte dabei gegen die Scheibe des Geschäfts, in dem er zuvor das Futter für die streunenden Tiere gekauft hatte. Der Ladenbesitzer rannte heraus und tötete Nuh Köklü mit einem Messer. Sowieso hatten *die* eine solche Strafe längst verdient! Nuhs letzte Worte lauteten: »Hoffentlich ist das nur ein Traum!«

»Es war ein Traum, und nun ist er wahr«, lautet ein Slogan der AKP. Dass ein Journalist ermordet wurde, nur weil sein Schneeball eine Schaufensterscheibe getroffen hatte, konnte eigentlich nur ein Albtraum sein, aber dieser Albtraum war tatsächlich wahr geworden. Das »Volk« demonstrierte ganz offen, dass es bei der Bestrafung von *denen* keine Grenze kennen würde. Tausende Menschen, die zu Recht befürchteten, dass es immer häufiger zu »Morden aus Hass« kommen könnte, gingen hinter Nuh Köklüs Sarg her, wohl wissend, dass ihnen eines Tages dasselbe passieren kann.

Auch die Geschichte mit dem Schneemann, pardon, der Schneefrau etwa einen Monat später konnte niemanden zum Lachen bringen. Schüler hatten auf ihrem Schulhof anstatt eines Schneemanns eine Schneefrau gebaut und ihre Lehrerin dazugerufen, um ein Gruppenfoto zu schießen. Gegen die Lehrerin wurde ein Ermittlungsverfahren wegen »Handlungen, die nicht im Einklang mit den gesellschaftlichen Werten stehen« eingeleitet.

Es wird Abend. Wollen wir ins Herz von Istanbul, nach Taksim spazieren, und dort diesen langen Tag ausklingen lassen? Aber was ist denn da los? Wer sind diese dunkelhäutigen Kinder, die zwischen den arabischen Touristen aus den Golfstaaten hindurchrennen und den Touristen aus dem Westen das Victory-Zeichen hinstrecken? Welchen Sieg könnten diese armen kleinen Schuhputzer errungen haben? Und warum verstecken sie beim Anblick der Polizei ihre Hände und rennen sofort weg?

Konträre Bedeutungen des Victory-Zeichens: Kurden und Türken

Am 16. November 2014 twitterten von überall auf der Welt unzählige fröhliche Menschen aller Altersgruppen Selfies mit dem V-Zeichen, um »zumindest auf diese Weise die Kämpfer zu unterstützen, die ihr Leben im Krieg gegen den IS mutig aufs Spiel setzen«, wie eine Userin schrieb. Nicht nur auf Twitter, auch in der internationalen Presse zeigte man kurdische Kämpferinnen in ihren schönsten, mutigsten und siegesgewissen Posen. Die französische Zeitschrift *Marie Claire* organisierte sogar ein Fotoshooting mit ihnen.

In jenen Tagen, als die kurdischen Kämpferinnen und Kämpfer in Syrien höchste Sympathie und Ansehen in den Augen der Weltöffentlichkeit genossen, spielte sich in Erzurum etwas ganz anderes ab. Die Frauenfußballmannschaft von Diyarbakır, der symbolischen Hauptstadt der kurdischen Region, traf im als rechts und nationalistisch bekannten Erzurum auf die Mannschaft aus Samsun und erzielte mit einen 24:0 Sieg ein unglaubliches Ergebnis. Zur Feier ihres Triumphs drehten nach Spielende die jungen kurdischen Fußballerinnen eine Ehrenrunde auf dem Platz, und weil sie dabei das Victory-Zeichen machten, wurde gegen sie ein Disziplinarverfahren eröffnet. Eine weitere Meldung berichtete von einer Frau, die ins AKP-Parteigebäude gezerrt und verprügelt worden war, weil sie in der kurdischen Provinzstadt Ağrı während einer Kundgebung des Ministerpräsidenten die Finger zum V hochgereckt hatte. Wenn Kurden, die gegen den menschenverachtenden IS kämpfen, das Victory-Zeichen machen, können sie westlich von Istanbul mit Symphatie und Ansehen rechnen, innerhalb der Türkei aber repräsentiert es noch immer die Front in einem anderen Krieg. Dabei wissen selbst die kleinen Kinder am Taksimplatz instinktiv, dass die Reise dieses Zeichens auch die kurdische Geschichte erzählt.

Der Rest der Welt denkt beim Victory-Zeichen an Winston Churchill. In unseren Breiten jedoch wird es das »Zeichen der Kurden« genannt, von den türkischen Nationalisten mit säuerlicher Miene, von den Kurden wiederum mit einem Lächeln. Oder besser gesagt, das »Zeichen der PKK«. Das reicht zurück in die achtziger Jahre, als linke und kurdische Aktivisten, die in den Folgejahren des Militärputschs gefasst wurden, sich im

Fernsehen und in den Zeitungen häufig in dieser Pose präsentierten: der rechte Arm nach oben gereckt und Mittel- und Zeigefinger zum V geformt, der linke Arm über dem Gesicht, um nicht erkannt zu werden. Dieses Bild war derart weit verbreitet, dass in den neunziger Jahren Jugendliche, wann immer ein Gruppenfoto geschossen wurde, aus Spaß die gleiche Pose einnahmen. Begleitet wurde diese Pose von demselben Satz, den auch die Aktivisten der achtziger Jahre nach ihrer Festnahme ausgerufen hatten: »Unsere Aktionen gehen weiter!« Als jemand, die ihre Jugend in den neunziger Jahren im Westen der Türkei erlebt hat, würde ich sagen: Es war Ausdruck einer gesellschaftlichen Krankheit, wenn wir angesichts des Schicksals dieser jungen Leute, von denen wir irgendwie wussten, dass sie in Kürze ins Gefängnis gehen und gefoltert werden würden, derart unsensibel waren und Witze über sie machten. Wir waren Menschen, die man krank gemacht hatte. Denn wenn wir in den Achtzigern als Kinder und in den Neunzigern als Jugendliche allabendlich beim Abendessen vor den Fernsehern saßen, sahen wir in den Nachrichten die Leichen der kurdischen Kämpfer, die man in den Bergen Südostanatoliens getötet hatte. »Terroristen wurden in ihren Löchern aufgespürt und tot gefasst«, hieß es in der Nachrichtensprache, und wir aßen weiter. Nie zeigte man die Gesichter dieser Menschen, nie gab es anders gelagerte Nachrichten aus der Region. Nur jene gesichtslosen Menschen lebten dort, die durch die Berge zogen und »unser Land« angriffen, wer sie waren, warum sie getötet wurden und weshalb sie in den Bergen umherzogen, brauchte uns nicht zu interessieren. Das war nur *eine* Form der Entmenschlichung des Feindes.

Ich erinnere mich, wie mein Vater, der als junger Mann in der Kurdenregion als Lehrer gearbeitet hatte, eines Abends beim Essen nach einer solchen Nachricht eine Geschichte erzählte. Sie spielte in den sechziger Jahren: »Als ich dort ankam, stellte ich fest, dass die Kinder kein Türkisch konnten. Darauf war ich überhaupt nicht vorbereitet. Niemand hatte gesagt, dass die Menschen dort Kurden waren und Kurdisch sprachen. Ich schrieb in die Hauptstadt und bat um Buchempfehlungen, um den Kindern Türkisch beizubringen. Als Antwort bestellte man mich nach Ankara. ›Du hast dir einen Bären aufbinden lassen. Es gibt keine Kurden, und eine kurdische Sprache gibt es auch nicht.‹«

Danach hatte mein Vater den Lehrerberuf aufgeben müssen. Er versuchte, uns eine paar Wörter Kurdisch beizubringen, die er dort gelernt hatte. Jahre vergingen, bis ich lernte, dass diese kleine und verschwommene Kindheitserinnerung eine Erklärung für die vielen Toten im Fernsehen lieferte. Solche Geschichten wurden sicher in vielen Häusern im Westen der Türkei erzählt, wenn auch nur mit gesenkter Stimme. So oder so wussten viele, warum die Kurden sich auflehnten, wieso der Staat sie derart entmenschlichte und weshalb man sie tötete. Trotzdem schwieg man oder sprach mit gesenkter Stimme, vielleicht angesichts des »gemeinsamen Feindes der Türkei« …

»Dieser Staat hat uns eingeprügelt, dass wir Kurden sind.« Diesen Satz sagt mir Jahre später, nachdem ich begriffen habe, was das Kurdenproblem ist, Mahmut Ortakaya mit seiner alten Stimme und diesem traurig-fröhlichen Akzent, den Kurden im Türkischen haben, während unseres Gesprächs in einem kleinen Teehaus in Diyarbakır. Der Arzt und Mitgründer des Helsinki-Komitees hat die jüngste Geschichte der Kurden aus nächster Nähe mitverfolgt. Er und andere erklären mir auf einer Reise nach Diyarbakır, wie das Herz der Kurden schlägt: »Tyrannei entfacht keine Auflehnung. Die Langmut des Menschen ist größer als er selbst. Aber Tyrannei beraubt den Menschen seiner Menschlichkeit. Der Mensch sieht sein Elend, er häuft Scham an. Nicht die Tyrannei ist es, die er nicht erträgt, sondern die Scham. Erst wenn alle Wege erschöpft sind, der Scham zu entfliehen, beginnt der Mensch sich aufzulehnen, nicht vorher. Nicht an Führer glauben die Massen, sondern an die Unerträglichkeit der Scham. Arbeiter und Besitzlose, Völker und Nationen besetzter Länder erheben sich aus dem Wunsch heraus, diese Scham abzuschütteln.

Die erste Lektion, die der Tyrannisierte lernt, wenn er sich erhebt, ist, dass er genauso hart sein muss wie der Tyrann. Um dieser Härte Bedeutung zu verleihen, wird er seine eigene Poesie und Legenden schreiben. Mit der Zeit mehren sich die Legenden, die Helden, die Mythen und Kulte. Widerstand wird zu einem festen Bestandteil des Lebens. Wer nun draußen bleibt, ist kein Teil des Volks mehr, sondern der Scham. Das Rad dreht sich. Und es dreht sich umso schneller, je stärker die Obrigkeit den Rebellen verteufelt. Einem Kind aus Diyarbakır bleibt nur wenig anderes übrig, als ›Guerillakämpfer‹ zu werden.

Es ist zu spät, um jene erste, uralte Geschichte zu erzählen, warum es zur Auflehnung kam. Die Geschichte eines Kurden beginnt dort, wo er verstummt. Wenn er seine Geschichte erzählt, hält er an einer bestimmten Stelle inne und sagt: ›Sprechen wir nicht davon … ‹ Und gemäß der nahöstlichen Tradition lacht er, während er die entsetzlichsten Dinge erzählt und versucht, auch seine Zuhörer zum Lachen zu bringen. Denn sonst könnten sie nicht ertragen, was er erzählt. In Diyarbakır erzählt man einander seine Erlebnisse nicht, denn jeder hat dasselbe durchgemacht. Und niemand, der von anderswo kommt, fragt nach diesen Erlebnissen. Also wird die Geschichte nicht erzählt. Sprechen wir nicht davon …«

Warum gehen zwölfjährige Kinder auf die Straße, um zu demonstrieren, als behauptet wird, man habe PKK-Chef Abdullah Öcalan im Gefängnis von İmralı zwangsweise die Haare geschnitten, und wandern dann für zwanzig Jahre ins Gefängnis? Warum verschwinden Jungen gleich nach dem Gymnasium, oder sogar schon vorher, und schließen sich in den Bergen der PKK an? Warum bevölkern diese Menschen zum kurdischen Neujahrsfest Newroz die Plätze der Städte? Warum werden Autoreifen in den Vorstädten verbrannt? Warum zittert sogar die Stimme eines »gut assimilierten« kurdischen Geschäftsmannes – Eigentümer eines Wolkenkratzers –, wenn man auf seine Kindheit zu sprechen kommt? Und warum nehmen kurdische Abgeordnete lebenslange Haft in Kauf, um ihren Amtseid auf Kurdisch zu leisten?

Millionen von Menschen in der Türkei haben ihre Vorstellung von einem Guerillakämpfer aus dem Fernsehen, und nur wenige, aber wirklich nur ganz wenige von ihnen wissen, wie ein kurdisches Kind aufwächst. Wie aus den Kindheitswunden entweder völliges Verstummen oder ein lauter Aufschrei wird. Kann ein Nichtkurde verstehen, was die Kurden erlebt haben? Kann ich es verstehen? Ich habe in Diyarbakır nach Antworten auf diese Frage gesucht: sechs junge Anwälte, sie lachen. Wir sprechen über Erinnerungen aus der Grundschule. Drei Jahre Hiebe mit einem »frischen Mandelbaumzweig«, weil sie das türkische Wort *tuvalet* (Toilette) nicht aussprechen konnten, ein Schlag mit dem Lineal auf die Fingerkuppen für jedes kurdische Wort, das ihnen im Klassenzimmer herausrutschte, wo es verboten war, Kurdisch zu sprechen. Die Kinder wurden aufgefordert, ihre Eltern zu bespitzeln, damit zu Hause kein Kurdisch gesprochen wurde. »Wie wir es trotz allem zu einem Beruf gebracht haben?«, wiederholt Mahsuni meine Frage. »Wenn ich darüber nachdenke, wundere ich mich manchmal selbst.«

»Im Westen der Türkei hat man keine Ahnung davon, wie ein kurdisches Kind aufwächst«, sage ich. »Könnt ihr mir nicht davon erzählen?« Ahmet wird wütend: »Ich habe so viele Dinge erlebt. Meine Mutter, mein Vater, meine Geschwister ... Und das soll ich jetzt auch noch erzählen, ja? Soll ich etwa beweisen, was wir durchgemacht haben?«

Die jungen Anwälte berichten, wie sie als Jugendliche aufgerieben wurden zwischen den beiden dominanten Kräften in der Region. Von ihrem geliebten Lehrer, der von der PKK ermordet wurde, und der Prügel, die die türkischen Soldaten ihnen wegen dieses toten Lehrers verpassten, um sie »zum Reden zu bringen«. Zwischendurch fühlt sich immer wieder einer von ihnen genötigt, eine »lustige« Anekdote einzuflechten: »Eine Zeit lang waren Hunde ihre fixe Idee. ›Ermittlungen zufolge bellen Hunde nicht, wenn die Guerillas kommen, aber wenn Soldaten kommen, dann bellen sie.‹ Auf geht's, das ganze Dorf antreten zu einer Tracht Prügel!«

Oder: »Ich fahre mit dem Bus ins Dorf. Das Militär hält uns an. Sofort zückt der alte Mann neben mir seinen Ausweis. Ich bin sauer auf ihn, weil er das tut, ohne dass man ihn dazu aufgefordert hat. ›Junge‹, sagt er, ›kennst du die Geschichte von dem alten Ochsen? Sie bringen den alten Ochsen zum Markt. Jeder, der vorbeikommt, guckt sich seine Zähne an. Schließlich fängt der Ochse an, jeden, den er sieht, anzugrinsen. Das haben sie aus uns gemacht!‹«

Was jemand aus dem Westen nur schwer begreifen kann, ist die beispiellose Treue zu Abdullah Öcalan. Menschen, die über die blutigsten Geschichten lachen, würden nie einen Witz über ihn machen. Fast als wäre er heilig. Warum? Nebahat Akkoç, die als Gründerin der Frauenrechtsorganisation KAMER in Diyarbakır vom *Time Magazine* zu einer der »Heldinnen unserer Zeit« erklärt worden war, engagiert sich sowohl für Kurden- als auch für Frauenfragen. Akkoç, eine unermüdliche Kritikerin der PKK, erzählt mir: »Auf einer Versammlung wurde Kritik sowohl an der Organisation als auch an Öcalan geäußert. Ein Mädchen stand auf und schrie: ›Auf Öcalan lasse ich nichts kommen! Bis er kam, hat man uns überhaupt nicht wahrgenommen.‹ Viele Kurden glauben, dass sie nur dank Öcalan wahrgenommen werden.« Er wurde zum Symbol des gemeinsamen Widerstands; ohne ihn fürchtet man eine Zersplitterung. Ich frage die jungen Anwälte, was sie über Öcalan, oder mit ihren Worten, die »Führung« denken:

»Das musst du uns einzeln und getrennt fragen.« Sie fühlen sich unwohl, wenn es darum geht, über *Apo*, wie er auch genannt wird, zu reden. Es ist nicht leicht. Haben sie zu großen Respekt? Angst? Sie lächeln. »Sprechen wir über etwas anderes«, sagen sie.

Dieselbe Frage stelle ich einem angesehenen kurdischen Politiker. Er erklärt es so: »Wenn Apo nicht wäre, gäbe es nicht eine PKK, sondern zehn. Die Kurden würden auf die Türkei schießen – und aufeinander. Wir brauchen ihn, denn wir müssen unter allen Umständen eine Zersplitterung vermeiden.«

Als Mahmut Ortakaya mir in Diyarbakır die Beifahrertür öffnet, um mich einsteigen zu lassen, sagt er lachend: »Weil wir hier früher nur Lkws hatten und sich hinten außer Menschen auch Lasten und Tiere befanden, ist bei den Kurden der Beifahrersitz immer noch der Platz fürs Protokoll. Steig ein.«

Ortakayas politische Vergangenheit reicht von der Mitgründung der Türkischen Arbeiterpartei bis hin zur Mitgliedschaft im Helsinki-Komitee. Was immer in dieser Region geschehen ist, widerfuhr auch ihm. Dieser Arzt, der sich über die Geschichte stellt und die Ereignisse mit dem kühlen Geist universeller Werte betrachtet, kommt mir vor wie ein kurdischer Weiser. Unendliches Leid hat ihn in den neunziger Jahren, als die Soldaten die Yeşilyurter Bauern gezwungen hatten, ihre eigenen Exkremente zu essen, mit missbilligender Stimme sagen lassen: »Wenn ihr diese Menschen ihre eigenen Exkremente essen lasst, wie wollt ihr ihnen dann beibringen, dass sie sich nach dem Toilettengang die Hände waschen sollen?«

Er weiß, dass sich die Unkenntnis über die Kurden nicht auf die Feinheiten der Etikette beschränkt: »Entscheidend ist, dass die Türken keinerlei Kenntnis davon haben, was die Kurden während ihres Türkifizierungsabenteuers erleiden mussten.« Wieder lacht er: »Ihr fordert nicht genmanipulierte Gurken. Nun, warum spielt ihr dann mit den Genen der Kurden?«

All das Gelächter macht es schwierig, endlich zu seiner eigenen Geschichte zu kommen, aber dann erzählt er von seiner Kindheit in den vierziger Jahren: »Beim Singen der Nationalhymne kitzelte mich mein Freund. Seinerzeit gab es Peitschen aus Tierdärmen. Es hagelte tonnenweise Prügel! Damals wusste ich nicht, dass ich Kurde bin. Dass wir Kurden sind, wussten *sie*. Jetzt begreife ich, dass sie es wussten. Und uns haben sie es eingeprügelt.«

In der Grundschule ließ man bis vor kurzem die Kinder allmorgendlich den Treueschwur aufsagen. Das Gelübde beginnt so: »Ich bin Türke, ehrlich und fleißig …« Und es endet mit: »Mein Dasein soll der türkischen Existenz ein Geschenk sein!«

»Wir haben kein Recht, aus Kindern Rassisten zu machen«, sagt Mahmut Ortakaya. »Man kann Kinder auch nicht in die Form ›Ich bin Kurde, ehrlich und fleißig‹ gießen.« Und er erzählt, in welche Form seine jungen Jahre gegossen wurden: »Nach dem Putsch von 1960 gab man uns eine Liste. ›In diesem Dorf gibt es soundso viele Waffen, wenn ihr die nicht abliefert …‹ Als die Waffen nicht abgeliefert wurden, befahl man allen Männern des Dorfes, sich nackt auszuziehen, und sperrte sie irgendwo ein. Dann brachten sie die Frauen. Plötzlich ließen sie die Männer wieder frei. Solche Spielchen trieben sie mit uns zuhauf. Reden wir nicht mehr davon.« Und was folgt auf dieses »Reden wir nicht mehr davon«?

»Schreib halt: Die besten Freunde der Kurden sind die Türken. Aber diese Freundschaft muss eine ehrenwerte sein.«

In Istanbul sitzt ein kurdischer Unternehmer im obersten Stockwerk eines seiner Wolkenkratzer. Seine Schäfchen hat er im Trockenen. In einer Hand hält er eine Zigarre, in der anderen die Liste der Gehälter, die er zahlt. Welche Sorgen könnte er haben?

»Du schweigst«, sagt er. »Während du mit Männern ganz oben an der Spitze über riesige Geldbeträge redest, kommt plötzlich im Fernsehen eine Nachricht. Einer flucht auf die Kurden, und du schweigst. Damit es keine Unannehmlichkeiten gibt. Reden wir über etwas anderes …« Er hat Angst zu sagen: Ich bin einer von denen, ich bin Kurde. Genau wie damals als schmächtiges Kind von sieben Jahren in einem Dorf hat der siebzigjährige Unternehmer in seinem Penthouse noch immer Angst.

»Wie merkwürdig«, sagt Nebahat Akkoç in Diyarbakır. »Man hat uns allen die türkische Sprache eingeprügelt. Jetzt schreiben wir in dieser Sprache Literatur, machen Politik. Wer weiß, vielleicht werden wir unsere Wunden niemals verstehen.«

Nebahat Akkoçs Mann war Lehrer und kam in den achtziger Jahren ins Gefängnis von Diyarbakır; 1993 fiel er einem Mord zum Opfer, der nie aufgeklärt wurde. Sie zog ihre beiden Kinder allein groß, wurde diverse Male verhaftet und gefoltert. Sie hat sozusagen das »normale Leben« eines Menschen geführt, der auf kurdischem Boden in gleicher Distanz zur PPK und zum Staat lebt.

»Was hat dich von all dem, was die Türken nicht wissen, am meisten verletzt?«, frage ich. »Dass sie glauben, alles hätte mit der PKK angefangen«, antwortet sie und erzählt mir von ihrer

Kindheit in Silvan, östlich von Diyarbakır, in den sechziger Jahren, mehr als zehn Jahre vor Gründung der PKK.

Nebahat ist klein, die Soldaten durchsuchen die Häuser. Dabei halten sie ihre Schwester wegen ihres kurzen Haars für einen Jungen und stellen das Haus auf den Kopf. Als die Soldaten gehen, heften sich Nebahat und die anderen Kinder an ihre Fersen. Sie verstecken sich an einer Stelle, von der aus sie den Dorfplatz übersehen können. Die Soldaten haben alle Männer des Dorfs dort versammelt, lassen sie auf dem Boden kriechen und schlagen sie dann zusammen. »Bis ein kurdisches Kind erwachsen ist, sieht es diese Szene wenigstens ein paar Dutzend Male«, sagt Nebahat. »Dass der Vater verprügelt und auf die Mutter geflucht wird. Das hat nichts mit der PKK zu tun. Das passierte bereits vorher.« Und sie sagt das Gleiche wie die jungen Anwälte: »Manchmal wundere ich mich über meine Kinder. Dass sie es zu einem Beruf gebracht haben, so, wie sie aufgewachsen sind.«

In den neunziger Jahren bereiten sich Nebahats Kinder auf die Uni-Aufnahmeprüfung vor und lernen nachts. Nebahat kauft den dicksten schwarzen Stoff, den sie finden kann. Damit die Polizei das Licht nicht sieht; damit sie denkt, es ist niemand zu Hause, und wieder geht. Wegen des unaufgeklärten Mordes an ihrem Mann hat sie sich an den Internationalen Gerichtshof für Menschenrechte gewandt, wird ständig festgenommen, und bei jeder Festnahme wird sie gefoltert, was Nebahat vor ihren Kindern zu verbergen sucht. Reden wir über etwas anderes …

Die Kurden hatten nie die Zeit zu erklären, was auf das »Reden wir über etwas anderes« folgte, die Türken wollten ohnehin nicht zuhören. Der knapp fünfunddreißig Jahre während Krieg zwischen 1980 und 2014 weitete sich auf diese Weise aus, nahm an Heftigkeit zu und riss immer tiefere Gräben.

Offizielles Gedächtnis und reales Erinnern

Um die Bedeutung des Victory-Zeichens der jungen Menschen am Taksimplatz zu verstehen, muss man wissen, dass das Kurdengebiet in Ost- und Südostanatolien von 1978 bis 2002 offiziell unter den Bedingungen des Ausnahmezustands und Kriegsrechts lebte, was sich de facto auch danach fortsetzte. Seit den siebziger Jahren lebt diese Region im Kriegszustand. Das wurde von staatlicher Seite jedoch niemals als solcher bezeichnet. Über Dekaden verwendete der Staat hierfür den Begriff *Konflikt von niedriger Intensität*. Seit Gründung der Republik dominierten in der Türkei zwei Sichtweisen:

Entweder: Kurden und Kurdisch gibt es nicht. Demnach entstand das Wort *kürt* (für Kurde) lautmalerisch aus *kart kurt*, dem knirschenden Geräusch, das zu hören ist, wenn man in den Bergen auf Schnee geht, und Kurden sind eigentlich Türken.

Oder aber: Es gibt Kurden, nur haben sie Probleme mit der Wirtschaft und mangelnder Bildung, sie leben eben in einer unterentwickelten Region.

Beide halten die Assimilation der Kurden für unerlässlich. Beide Sichtweisen sind im Kern gewalttätig und letztlich die Ursache für den Albtraum, den Kurden im Gefängnis von Diyarbakır erleben mussten. Die Liste der unvorstellbaren Folterpraktiken, die hier seit 1980 an der Tagesordnung sind, werde ich an dieser Stelle nicht aufführen, ich schäme mich zu sehr. In diesem Gefängnis wurde die PKK geboren. Ihre erste bewaffnete Aktion führte die Organisation 1984 durch, in den achtziger und neunziger Jahren entwickelte sie sich zunächst für die Militärjunta und später für die Zivilregierungen zum Feind, den man sich hervorragend für eigene Zwecke zunutze machen konnte.

Der augenfälligste Aspekt des Kurdenproblems der neunziger Jahre waren die Morde, die, wie bekannt war, vom Staat in Auftrag gegeben wurden. Journalisten, Geschäftsleute, Politiker, Intellektuelle und Schriftsteller fielen diesen Morden zum Opfer. Menschen wurden in Säuregruben geworfen.

Wenn darüber berichtet wurde, tat man die Erfahrungen der Kurden als »Erfindungen von Terroristen« ab. Die Augenzeugenberichte erreichten nur die linken Kreise. Man hatte keinerlei Respekt den Müttern gegenüber, die nach den Leichen ihrer getöteten Kinder suchten. Die Methode des Blindmachens für das Leid verlief derart erfolgreich, dass sogar die Pein einer kurdischen Mutter, die mit den Knochen ihres toten Kindes um den Hals herumlief, als sie seinen Leichnam endlich hatte finden können, als »Propaganda der illegalen Organisation« bezeichnet wurde.

Während man weiter die Existenz der Kurden negierte und die Menschenrechtsverletzungen in der Region zunahmen, wuchs die PKK in den neunziger Jahren und organisierte sich immer besser. Der PKK gelang es, sich zivilen Organisationen anzuschließen und in Europa eine Öffentlichkeit für ihr Anliegen zu schaffen. Die Organisation war gleichzeitig auch eine Modernisierungsbewegung für die Region, als moralische Instanz und politische Kraft war sie zum bewaffneten Gegenspieler des Staats geworden.

Das Ende der neunziger Jahre und den Beginn des neuen Jahrtausends verbrachten die kurdischen Politiker und Intellektuellen damit, sich der westtürkischen Öffentlichkeit zu erklären. In Istanbul fanden Konferenzen statt, die später in den kurdischen Provinzstädten fortgesetzt wurden. Ich habe an einigen solcher Konferenzen teilgenommen und konnte dabei beobachten, wie sehr sich der Rassismus in der Türkei sogar in die Seelen der weltoffensten, gebildeten Menschen einschleicht. Viele Journalisten, die nach Diyarbakır oder in andere kurdische Städte reisten, kleideten sich, als gingen sie auf Safari. Frauen, die normalerweise Stöckelschuhe und Röcke trugen, griffen zu Turnschuhen und Jeans, Männer tauschten ihre Anzüge gegen Sportbekleidung. Die kurdischen Teilnehmer empfingen uns wie stets in formeller Garderobe. Dieses Gehabe des »Wir reisen in ein Kriegsgebiet« oder »Wir reisen in eine unterentwickelte Region« hätte Leuten wie mir unangenehm auffallen müssen. Gleichheit war selbst für diejenigen, die sie forderten, gar nicht so einfach zu leben.

Dann kam die AKP an die Regierung und propagierte eine »Politik der Öffnung«. Die Partei ließ das Kurdische als Unterrichtssprache zu, Erdoğan verfolgte – wie damals Abdülhamid II. im Osmanischen Reich – eine panislamische Politik und versuchte mit der Rede von »unseren kurdischen Brüdern« ein Gemeinsamkeitsgefühl zu schaffen. Im Staatsfernsehen wurde zum ersten Mal ein Kanal mit Sendungen in kurdischer Sprache eingerichtet. Die Regierung ließ im Allgemeinen religiöse Programme ausstrahlen.

Auf den »Öffnungsveranstaltungen« kamen nur von der Regierung abgesegnete Redner zu Wort, kritische Stimmen wurden natürlich nicht eingeladen. Was die Presse als »Kurdische Öffnung« bezeichnete, taufte die AKP aus Angst vor den Reaktionen der Nationalisten sofort in »Projekt der nationalen Einheit und Brüderlichkeit!« um.

Die Kurdenpolitik, die in der ersten Regierungsperiode der AKP als Demokratisierungsprojekt propagiert wurde, erfuhr mit dem zweiten Wahlsieg 2007 eine Richtungsänderung. Nun sagte Erdoğan: »Die Wahlergebnisse zeigen, dass die AKP die stärkste Repräsentantin der Kurden in der Türkei ist. Wir sind die eigentlichen Vertreter der Kurden in der Türkei, das haben diese Wahlen gezeigt. Unsere Bürger mit kurdischen Wurzeln haben sich für die AKP entschieden.«

Trotz der »Friedensgespräche«, die Erdoğan seit 2007 mit dem PKK-Chef Abdullah Öcalan führte, wähnte er sich schließlich an einem Punkt, den er so formulierte: »Es gibt kein Kurdenproblem. Allerdings haben die kurdischen Bürger manche Probleme.« Dieser Widerspruch auf der Ebene der politischen Macht griff auch auf die Medien, die Journalisten und Intellektuellen über. Wenn Sie mich heute also fragen sollten, ob es in der Türkei ein Tabu ist, über das Kurdenproblem zu sprechen, kann ich höchstens antworten: »Das hängt von Herrn Erdoğans seelischer Tagesform ab!«

Während im Osten des Landes die Kurden ihre eigene Geschichte schreiben, lehrt die Regierung uns im Westen der Türkei eine völlig andere. Das Gedächtnis wird immer vielschichtiger, und heute ist es für die beiden einander entfremdeten Gesellschaften beinahe unmöglich, wahren Frieden zu schließen. Meiner Ansicht nach braucht das Land keine »Kurdische Öffnung«, sondern eine »Türkische Öffnung«. Türkische Familien, deren Söhne fünfunddreißig Jahre lang als Soldaten in den Krieg geschickt wurden, reagieren angesichts dieses Wandels in der Politik mit Empörung. Sie fragen: »Wofür haben unsere Söhne denn dann gekämpft? Warum mussten sie sterben?« Der »Tod fürs Vaterland im Kampf gegen die PKK«, der fünfunddreißig Jahre lang als heldenhaft galt, ist mit einem Mal sinnlos geworden, und warum das so ist, kann ihnen die Regierung nicht erklären. Denn niemand ist bereit zu sagen: »Verzeihung! Wir haben eure Söhne als Teil einer brutalen Repressionspolitik umsonst in den Tod geschickt.«

Ich denke, heute haben wir uns genug mit den Kurden beschäftigt. Denn wenn Sie mich nach der kurdischen Gesellschaft fragen, dann hat sie in der Zukunft das Recht auf einen wichtigeren Platz in der Türkei, als ihr in der Vergangenheit eingeräumt worden ist.

KAPITEL 3: MORGEN

WAS SOLL NUR AUS DIESER BRÜCKE WERDEN?

»Wie lange dauert das Morgen?«
»Die Ewigkeit und einen Tag.«

(Die Ewigkeit und ein Tag,
Film von Theo Angelopoulos)

»Was ist ein Land überhaupt? Was ist es, das du vermisst?« Diese Frage trieb mich um, als im Sommer 2012 eines Nachts in Tunis radikale Islamisten mit Fackeln in den Händen den Stadtteil Carthage umstellten, wo ich mich gerade für Recherchen zu meinem Roman aufhielt, und unter »Allahu Akbar«-Rufen drohten, dieses von säkularen Wohlhabenden besiedelte Viertel niederzubrennen. Ich löschte das Licht und grübelte im Dunkeln über diese Frage nach. Denn kurz zuvor war mir in einem Telefonat, das knapp dreißig Sekunden gedauert hatte, mein Job gekündigt worden:

»Ece, du weißt, warum.«

»Ja.«

»Tut mir leid.«

»Danke.«

Zu kurz, um herzzerreißend zu sein!

Außerdem nahmen mich Internet-Trolle, von denen damals noch nicht bekannt war, dass sie von der Regierung bezahlt wurden, unter Beschuss. Gemeinsam zimmerten sie mir eine neue Identität: eine dumme, ungebildete, blasierte, boshafte Frau, die die Opferrolle spielt! Sie drohten mir mit Tod oder Vergewaltigung. Und sie waren so viele, dass ich bald davon überzeugt war, das ganze Land denke so über mich. Auch andere glaubten das. Von dem Schock erholte ich mich erst Monate später.

Warum vermisst man ein Land, von dem man glaubt, jeder dort würde einen hassen? Die Frage ist mir aus jenen schlimmen Tagen geblieben. Das steckte hinter der Frage »Was ist ein Land überhaupt?«, die ich mir stellte, als ich in meinem

Land von blutrünstigen Gespenstern und in einem fremden Land von Schemen mit Fackeln bedroht wurde: »Was ist denn überhaupt ein Land, wonach sehnst du dich jetzt in diesem Augenblick trotz allem?«

Damals beschrieb ich »Land« für mich so wie Angelopoulos in seinem Film *Die Ewigkeit und ein Tag* »Morgen« beschrieben hatte, und das gilt auch weiterhin: Ein Land ist eigentlich ein Tisch! Ein Tisch, um den die Menschen sitzen, die du magst, an dem du zusammen mit anderen lachst, und dazu das endlose Vakuum um diesen Tisch herum. Ein Land ist so konkret und begrenzt wie der Moment, in dem du mit deinen Nächsten gemeinsam lachst, und zugleich so abstrakt und grenzenlos wie das Vakuum um diesen Tisch herum.

Seither hat sich das Land für mich verändert. Die Bedeutung dieses Begriffs, dieses Territoriums, über das ich seit zwanzig Jahren nachdachte und Zeitungsartikel schrieb, verwandelte sich. Denn hat ein Liebster dich zutiefst verletzt, zürnst du ihm irgendwann nicht mehr, ärgerst dich nicht länger über ihn, hörst auf, ihn anzuschreien. In dir entsteht ein Ort des Schweigens, ein finsterer, verschlossener Ort. In Bezug auf mein Land entstand in mir ein solcher Ort. Ich habe diese Wunde nicht wieder angetastet, denn ich fürchte, dass sie gar nicht mehr aufhören wird zu bluten, wenn ich den Schorf abkratze. Aus diesem Grund habe ich aufgehört, über das Land zu schreiben. Das ist so, wie wenn man einen verletzten Körperteil nicht mehr benutzt, um den Schmerz zu vermeiden. Ich benutze es nach wie vor nicht. Deshalb habe ich mich aus der Alltagsrealität zurückgezogen und stattdessen Zuflucht in der Realität der Literatur gesucht. Dieses Buch schrieb ich am Rande dieser Realität entlang.

Ich erzähle diese über alle Maßen privaten Geschichten nur deshalb, weil Sie wissen müssen, dass hier ein verwundeter Geist über das »Morgen« schreibt, eines der schönsten Wörter in allen Sprachen. Allerdings weiß ich sehr wohl, wie eitel und töricht es wäre, Wahrheit auf meine eigene, selbst erlebte zu beschränken. Hoffentlich gelingt es mir also, über das »Morgen« zu schreiben, ohne mir und dem Land Unrecht zu tun.

Auf die Frage, was morgen aus der Türkei werden soll, ergeben sich Antworten mit persönlichen Konsequenzen. Denn auch die Fragen »Was für ein Mensch werde ich sein? Was für ein Leben werde ich haben?« sind mit der Zukunft des Landes verknüpft. Als Journalistin bin ich zahlreichen Menschen aus vielen Ländern begegnet, die sich entschieden hatten oder gezwungen waren, ihr Land zu verlassen, die ihrerseits von ihrem Land verlassen worden waren und kein Land mehr hatten. Wer in der Lage ist, seine Geschichte mündlich oder schriftlich zum Ausdruck zu bringen, hat bezüglich seiner Existenz nur wenige Alternativen. Manche verwandeln die Enttäuschung über ihr Land, die Trauer über den erlittenen Verlust in Wut, die zu ihrer Existenzgrundlage wird. Wut und Zorn auf das eigene Land geraten so zum Lebensgrund. Wer in der Wiederholungsschleife dieses Diskurses lebt, kann sein gesamtes Leben damit zubringen, den Zuhörern die immer selben Dinge zu erzählen.

Ich habe gesehen, wie jene, die zu stolz sind, ihre Enttäuschung und ihren Zorn auszuleben, vollkommen verstummt sind. Sie wandeln wie Schatten umher. Zur Beschreibung ihres Kummers sollte im internationalen Recht ein Begriff geschaffen werden und für ihre Verletzung eine Entschädigung vorgesehen sein. Doch so etwas gibt es nicht.

So schwierig es also ist, ein Land ohne Scham, aber auch ohne Stolz zu lieben, so schwer ist es auch, im Ausland von dem Kummer über ein Land ohne Wut, aber auch ohne sinnlose Euphorie zu sprechen.

Ich erzähle von meinem Land – glücklicherweise – noch immer aus dem Inneren heraus. Deshalb richtet sich dieses Buch nicht an Ausländer, die wenig über dieses Land wissen, sondern auch an die Schatten, die im Land leben. Das ist erschreckend. Denn so sehr man sich um Überwindung der Distanz bemüht, es liegen doch Welten zwischen dem, was man einem Ausländer einerseits und einem Einheimischen andererseits über sein Land erzählt. Nach einem Blick auf diese Kluft fühle ich mich als Verräterin, nicht an dem Land, aber an der Wahrheit.

Für dieses Buch entschied ich deshalb, ferne, gutwillige Freunde anzusprechen. Mir schwebt ein Leser vor, der bereit ist, sich bei einer Begegnung die lange, komplizierte, traurige, auch komische Antwort auf die Frage »Und woher kommst du?« anzuhören. Und ich stelle mir vor, diesem Leser eine Sorge mit auf den Weg zu geben. Ich wünsche mir, dass Sie, wenn Sie das nächste Mal nach Istanbul, Kappadokien oder Antalya fahren, nicht mit touristischer Leichtigkeit reisen, sondern mit dem schweren Herzen der Millionen, die sich fragen: »Was soll nur aus diesem Land werden?« Diese Sorge, diese Last ist eine Naturschönheit, die in keinem Reiseführer aufgeführt ist, ein Parameter, der selbst in den besten politischen Analysen fehlt. Denn nur so werden Sie verstehen, warum die Menschen in der Türkei das Nachdenken über die Zukunft stets mit der formelhaften Frage »Was soll nur aus diesem Land werden?« einleiten.

Demokratie oder nicht?

Diese Worte schreibe ich zu einem besonderen historischen Zeitpunkt, da die Türkei versucht, sich auf demokratischem Wege einer Regierung zu entledigen, die sich seit über zehn Jahren in Sachen Demokratie und Menschenrechte extrem schlecht geschlagen und das Land gesellschaftlich und politisch zutiefst gespalten hat. Recep Tayyip Erdoğan, dem nach Atatürk vermutlich einflussreichsten Führer der Türkei, gelang es aus einer Reihe internationaler und nationaler, historischer, politischer und sozialer Gründe, die politische Macht auf seine Person zu konzentrieren. Zurzeit scheint die Mehrheit im Land darum bemüht, einen Schlussstrich unter ein politisches Klima zu ziehen, das Erdoğan geschaffen hat, zu den Grundregeln parlamentarischer Demokratie zurückzukehren und das Präsidialsystem, nach dem Erdoğan aus seiner neu errichteten, überdimensionalen Residenz unablässig ruft, zu verhindern.

Eine der Parolen der Opposition vor den Parlamentswahlen von 2015 lautete dementsprechend: »Wir machen dich nicht zum Vorsitzenden.« Erdoğan hätte sich als Staatspräsident neutral verhalten müssen, gerierte sich aber unentwegt als Propagandist der Regierungspartei, aus der er selbst hervorgegangen war. Dennoch gelang es ihm nicht, nach den Wahlen als Alleinherrscher dazustehen. In ihrer Einschätzung nach den Wahlen unterstrichen die Beobachter der Europäischen Union, die Bevölkerung der Türkei habe die Demokratie verteidigt. Wollen Sie wissen, wie wir das taten? Nicht durch die Abgabe unserer Stimme, sondern durch das Zählen der Stimmen!

Ein Land zählt Stimmen

Die Parlamentswahlen 2015 dürften die tragikomischsten Wahlen in der türkischen Geschichte gewesen sein. Denn die Stimmabgabe verwandelte sich im ganzen Land zu einer zivilen Mobilmachung. Um Wahlbetrug durch die Regierungspartei, wie er bei den vergangenen Wahlen mit großer Wahrscheinlichkeit stattgefunden hat, zu verhindern, schlossen sich die Menschen zu *Oy ve Ötesi* (Wahl und mehr) zusammen. Die

Organisation wurde von jungen Leuten gegründet, die sich im Zuge der Gezi-Proteste 2013 kennengelernt hatten, und umfasste Zehntausende. Ihre Haupttätigkeit bestand darin, Wahlbeobachter auszubilden. Es reichte nicht, seine Stimme abzugeben, man musste die Stimme auch bewachen. Beim Auszählen eilten Hunderttausende von *Oy ve Ötesi* mobilisierte Bürger zu den Urnen, um die Auszählung zu beobachten. In den sozialen Netzwerken hieß es am Wahlabend scherzhaft: Eine Nation zählt gemeinsam Stimmen aus!

Menschen aller Volksgruppen der Türkei beschützten am Wahltag, dem 7. Juni 2015, die Demokratie buchstäblich mit Körpereinsatz. Hier zeigte sich nun ein bleibender Effekt des Gezi-Aufstands, der aufgeflammt und schon erloschen schien, in der türkischen Politik gab es nun Bürger, die ihre Bürgerpflicht todernst nahmen! Ein Anzeichen für die Entstehung der Zivilgesellschaft, von der die Demonstranten in Gezi geträumt hatten.

Laut Auszählung waren über sechzig Prozent der Bevölkerung nicht dafür, dass sich die gesamte politische Macht auf einen Mann konzentriert. Ein Psychiater hat der Türkei einmal diagnostiziert, Motivation entstehe in diesem Land nur unter Bedrohung. In diesem Fall machte das Land angesichts des drohenden Ein-Mann-Regimes für die Demokratie mobil. Eigentlich sollten wir Erdoğan dafür dankbar sein. Denn selbst seit hundert Jahren bestehende politische, religiöse und ethnische Zwiste wurden an jenem Tag beiseite gelegt. Erdoğan gelang es ganz allein, die Türkei mit ihren Ängsten zu konfrontieren und Bürger zu schaffen, die erstmals ihre Bürgerpflichten ernst nahmen.

Statt nun aber über Tagespolitik und die kurzfristige Parlamentsmathematik nach dieser Wahl zu spekulieren, lassen Sie uns ein wenig weiter in die Zukunft blicken.

Die Dekade der Kurden

Das Ergebnis dieser Wahlen, das Auswirkungen auf die vor uns liegenden zehn Jahre haben wird, steht im Zusammenhang mit den Kurden. Seit Gründung der Republik Türkei waren die Kurden Bürger zweiter Klasse gewesen, ihre politische Bewegung galt dem türkischen Durchschnittsbürger seit dreißig Jahren als Synonym für Terrorismus. Nun sind sie mit einer eigenen Partei ins Parlament eingezogen, und zwar unter der Führung des einzigen Politikers mit Potenzial im politischen Leben der Türkei. Ich denke, wir werden noch viel von Selahattin Demirtaş hören. Ein Mann mit Esprit. Wie die Gezi-Demonstranten bezwang er seine Angst mit politischen Scherzen. Als Staatspräsident Erdoğan ihm vom Rednerpult aus zurief: »Wer bist du denn? Werd bloß nicht anmaßend!«, lächelte er wie ein Junge, der einem Mädchen den Hof machen will: »Wollen wir uns näher kennenlernen?«

Als der Ministerpräsident Ahmet Davutoğlu auf die Bedeutung des Namens Selahattin in der Geschichte des Islam verwies und sagte, dieser Name passe doch gar nicht zu ihm, lächelte Demirtaş bloß und sagte: »Seit drei Tagen finde ich keinen Schlaf. Wir hatten doch unseren gesamten Wahlkampf auf meinen Namen aufgebaut!«

Demirtaş ist in der Türkei mittlerweile ein Superstar. Sendungen, in denen er auftritt, brechen alle Zuschauerrekorde. Doch nicht Demirtaş' Popularität führte seine als Kurdenpartei bekannte Halkların Demokratik Partisi (Demokratische Partei der Völker, HDP) ins Parlament, und noch dazu mit ganzen 81 Abgeordneten. Ironischerweise ist die Demokratie der Türkei dieses Mal von der politischen Existenz der Kurden abhängig. Seit der Staatsgründung fürchtete man die Spaltung des Landes und verweigerte der kurdischen politischen Bewegung jede parlamentarische Repräsentanz, nun gibt sie den Ausschlag in der türkischen Politik. Hätte die HDP aufgrund der Zehnprozenthürde bei den Wahlen den Sprung ins Parlament nicht geschafft, hätte Erdoğan zweifellos das Präsidialsystem eingeführt und wäre zum Alleinherrscher geworden. Aufgrund dieser Mathematik wurden die Kurden in der Politik zum Star. Selbst Menschen, die das Wort Kurde nicht gern hören, gaben ihre Stimme der HDP, um Erdoğan zu stoppen. Das zumindest schrieb ein Wahlanalyst. Reisen wir aber vom Parlament nach Mersin, um zu verstehen, welche Realität hinter dieser Szenerie steckt.

Appetit und Hoffnung

Da die Anzahl der Zuhörer bei Diskussionsveranstaltungen für gewöhnlich proportional zur Länge des Titels sinkt, hatte ich mit dreißig, vierzig Personen gerechnet, die der Einladung zum Gespräch über »Die psychologische Tiefe literarischer Figuren: Protagonisten auf der Couch« am Beispiel meines jüngsten Romans im Club der Psychologen der Universität Mersin folgen würden. Doch als ich den Saal betrat, sah ich mich einer Menge von insgesamt tausend Menschen gegenüber.

Die Fragen der Zuhörer bezogen sich auf Marx bis Lacan, Foucault bis Žižek. Es waren unglaublich informierte und interessierte junge Menschen. Mersin liegt im Süden der Türkei am Mittelmeer, hier studieren viele junge Kurden aus Südost- und Ostanatolien trotz mangelnder Bildungschancengleichheit. Vor mir sitzen Ende der neunziger Jahre geborene Studenten. Sie sind zu den blutigsten Zeiten des Bürgerkriegs aufgewachsen, die meisten von ihnen stammen aus Familien, die im Zuge der kriegsbedingten Binnenmigration in die Städte abwandern mussten.

Sie sind im Schatten von Bomben groß geworden, von Bränden, Armut, Automatikgewehren und Militärjets. In vergessenen Dörfern, vergessenen Vororten vergessener Städte starteten sie mit einem Rückstand von mindestens 5:0 ins Leben. Fast jeder von ihnen ist in der Lage, die Typen der Militärflugzeuge am Geräusch zu erkennen. Es ist ein Wunder, dass sie nicht bei der PKK kämpfen, sondern hier studieren. Vielleicht lernen, leben und existieren sie deshalb mit Guerilla-Disziplin. Sie sind als Kinder eines unterdrückten, aber gut organisierten Volkes aufgewachsen. Während ihre Altersgenossen im Westen der Türkei viele verschiedene Dinge erleben können, ist für sie das Leben schon immer ein bitterernster Überlebenskampf gewesen.

Runter, Runter, Runter!

Wenige Tage vor den Wahlen explodierte bei einer Massenkundgebung in Diyarbakır eine Bombe. Das Geschehen wurde per Live-Schaltung in der gesamten Türkei verfolgt, bei der Menge vor Ort löste die Explosion eine merkwürdige Reaktion aus. Tausende Menschen hockten sich sofort hin. Niemand lief weg. Es wurde gerufen: »Runter! Runter! Runter!«

Ein eigenartiger und zugleich tragischer Anblick. Denn er zeigte, wie sehr die Menschen, die dort an jenem Tag versammelt waren, den Krieg gewohnt sind. Jeder von ihnen wusste, dass nach der Bombenexplosion von irgendwoher Schüsse fallen könnten. Sie mussten gar nicht nachdenken, es brauchte keinen Befehl, keine Warnung, innerhalb einer Sekunde duckten sich Tausende auf den Boden. Nach dieser Provokation sagte Selahattin Demirtaş: »Wir sind eine organisierte Gesellschaft.« Das war für jene, die die Region und die kurdische Bewegung kennen, nichts Neues, für den Rest der Türkei aber war es erschütternd zu sehen, wie die Menschen dort an den

Krieg, den schmutzigsten aller Kriege, der sich gegen Zivilisten richtet, gewöhnt sind. Ja, die kurdische Gesellschaft ist organisiert.

Nach der Generation, die sie in den achtziger und neunziger Jahren dem Krieg opfern mussten, zogen die Kurden eine neue Generation auf. Diese Generation ist gebildet, sie verfolgt das Weltgeschehen, sie vertritt ihre Sache auch international und sie ist weltoffen, ohne das eigene Dorf zu vergessen. Selahattin Demirtaş ist ein Pionier dieser Generation. Ihm werden andere folgen. Diese jungen Leute sind voller Hoffnung und Zuversicht, sie sind die Erben von Generationen, die einen hohen Preis zahlen mussten, sie haben Appetit und leben in der Euphorie und mit dem Selbstvertrauen, jetzt die politische Bühne zu betreten.

Wir sprechen von einer politischen Bewegung, die auch im Hinblick auf internationale Dynamiken legitim und inzwischen anerkannt ist. Mittlerweile berichten die internationalen Medien über die Aktivisten und vor allem Aktivistinnen der YPG, der kurdischen »Volksverteidigungseinheiten« in Syrien, die gegen den IS kämpfen. Selbst türkische Fernsehsender, die früher in den Nachrichten nur von »Terroristen« sprachen, nennen die kurdischen Organisationen jetzt beim Namen. Ironie der Geschichte: Die »kurdischen Terroristen«, vor denen die Türkei früher ihre Grenzen schützte, schützen jetzt die Grenzen der Türkei vor dem IS.

In Anbetracht all dessen lautet meine Prognose für die kommenden zehn Jahre, dass in der Türkei und ihren Nachbarländern die Dekade der Kurden angebrochen ist. Und zwar nicht nur in politischer, sondern auch in kultureller Hinsicht. Wir sollten dabei nicht vergessen, dass die Rede von der politischen Macht einer bewaffneten Organisation ist, die dreißig Jahre lang gegen die zweitgrößte Armee der NATO gekämpft hat. Anzumerken bleibt hier vielleicht noch, dass der Mensch dem Gegner, den er bekämpft, oft ähnelt. Aber das zu erörtern, scheint mir verfrüht.

Frauen und Kinder zuerst!

Wenn im Film ein Brand ausbricht oder ein Schiff untergeht, ruft immer jemand: »Frauen und Kinder zuerst!«

In der Türkei scheint man den Ruf genau umgekehrt zu verstehen. Frauen und Kinder zuerst ins Feuer oder ins Wasser, sollen sie doch verbrennen oder ertrinken! Frauen und Kinder erwartet in der Türkei ein weiteres finsteres Jahrzehnt. Frauen werden neue Maßnahmen ergreifen müssen, um ihr Überleben zu sichern, wenn Sie mich fragen. Ich hoffe, dass wir eine Menge gesellschaftlicher Initiativen in dieser Richtung sehen werden. Denn im vergangenen Jahr wurden achtundzwanzig Frauen ermordet, die unter besonderem Schutz des Staates standen, etwa weil sie auf der Flucht vor gewalttätigen Ehemännern waren. Der Staat hält nicht viel davon, Frauen zu schützen. In der kommenden Dekade werden Frauen Initiativen und Organisationen vorantreiben, denke ich, denn das müssen sie tun, um sich zu schützen.

Der Studie des Global Peace Index vom Juni 2015 über die friedlichsten Länder der Welt zufolge rangiert die Türkei auf Platz 135 von 162 Ländern. Die Türkei ist also nicht nur für Frauen, sondern für alle Menschen ein wenig friedliches Land: eine Polarisierung der Politik, gesellschaftliche Konflikte, ethnische Spannungen, Tilgung des Sozialstaates, Ungleichheit in der Einkommensverteilung, Gefechte an der Grenze zu Syrien, Freizügigkeit für radikal-islamische Aktivisten … All das fällt einem auf Anhieb ein. Es gibt aber noch etwas, das sich auf die vor uns liegende Dekade auswirken wird: der Wirrwarr im Bildungswesen.

In den letzten dreißig und besonders in den letzten zehn Jahren wurde das Erziehungswesen dutzendfach umgekrempelt. Nicht von Generation zu Generation, sondern alle fünf Jahre ändert sich das Bildungssystem der Türkei. Das, so sieht es aus, wird den ohnehin höchst problematischen gemeinsamen Sozialcode in der näheren Zukunft vollständig aushebeln. Kinder aus verschiedenen sozialen Schichten erhalten aus ökonomischen Gründen eine unterschiedliche Bildung. Und Kinder aus ein und derselben Gesellschaftsschicht wachsen aus politischen und religiösen Gründen mit höchst unterschiedlichen schulischen Inhalten auf. Der dramatische Einbruch der Bildungsqualität ist ein Problem für sich und wird sich eklatant auf die Zukunft auswirken. Dass der Unterricht von Naturwissenschaften und Philosophie in staatlichen Schulen immer weiter beschnitten wird, dürfte uns eine Generation von bislang nicht gekannter Unbedarftheit bescheren.

Die Nahostisierung der Türkei und die Frage: »Sollten wir vielleicht gehen?«

In den letzten Jahren höre ich immer häufiger Menschen darüber reden, das Land zu verlassen. Das hat sich infolge der Gezi-Proteste zwar ein wenig abgeschwächt, doch die Nahostisierung des Alltags in der Türkei führt die gebildete mittlere und obere Mittelschicht zu dieser Überlegung. Mit Nahostisierung meine ich nicht nur die spürbaren Folgen der Besetzungen von Syrien und dem Irak – etwa durch die Kriegsflüchtlinge. Politik und gesellschaftliches Leben sind, genau wie im Nahen Osten, unberechenbar geworden. Das macht das Leben für uns alle im Übermaß aufregend. Selbst wenn Sie selbst gar nichts tun, kann Ihnen alles Mögliche zustoßen – so in etwa fühlt sich das Leben in Nahost an. Ich sehe, wie die Menschen um mich herum sich wie gelähmt in diesem Sturm der Aufregung wiederfinden. Aus diesem Grund dürften Sie in den Städten Europas in naher Zukunft einige Einwanderer mehr aus der mittleren und oberen Mittelschicht der Türkei zu Gesicht bekommen.

Die Zukunft naht

Die Türkei hat erstmals ein ethnisch und politisch »buntes« Parlament zustande gebracht, das diese Bezeichnung verdient. Diese Farbenvielfalt dürfte sich in Zukunft fortsetzen, was früher oder später auch die in der Republik Türkei und in der letzten Phase des Osmanischen Reiches ungelöst gebliebenen historischen Spannungen wieder aufs Tapet bringen wird. Ich bin sicher, dass in der Türkei in den kommenden Jahren viel mehr über Armenier, Aleviten, Kurden, Aramäer und andere Minderheiten gesprochen werden wird, gesprochen werden kann. Das, so scheint mir, könnte eine neue Seite in den Beziehungen zu Europa aufschlagen.

Im Laufe der letzten zehn Jahre haben zahlreiche Analytiker mit traditionell säkularem, linken Hintergrund vorausgesagt, das Ende der uns bekannten Türkei (mit den Eckpfeilern Säkularismus, Parlamentarismus, Sozialstaat, Rechtsstaat) werde uns in großen Schritten in Form einer Koalition aus islamischem Konservatismus und Neoliberalismus ereilen. Grund für diese Annahme boten die konkurrenzlose Macht der AKP und ihr auf die Gesellschaft angewandtes Konzept des Social Engineering. Zurzeit sieht es jedoch so aus, als müssten sie nicht unbedingt recht behalten. Regionale wie auch nationale Dynamiken befinden sich in rasantem Wandel. Unverändert bleiben allein die geographische Lage der Türkei und das Sicherheitsventil, dessen Lage wir nicht kennen!

Das Sicherheitsventil von unbekannter Lage

Als ich mit gerade mal neunzehn Jahren Anfang der neunziger Jahre als Journalistin tätig wurde, muss meine Frage an einen erfahrenen Politiker in einem Interview wohl allzu aufgeregt geklungen haben: »Und was soll aus diesem Land werden?«

Der betagte Politiker lachte, erinnerte mich daran, dass ich im Alter seiner Enkel sei, und sagte mit einem Lächeln: »Liebes Fräulein, dieses Land hat ein Sicherheitsventil, von dem niemand weiß, wo es ist. Diesem Land kann nichts passieren. Im letzten Moment kriegt es immer noch gerade die Kurve!«

In den letzten Tagen kam mir die Sache mit dem Sicherheitsventil wieder häufig in den Sinn. Möglicherweise existiert so etwas tatsächlich, und wir verlassen uns alle insgeheim darauf.

Zerstörte Brücken, neue Brücken

Trotz schärfster Kritik und gegen das Votum der Opposition wird derzeit eine dritte Brücke über den Bosporus gebaut, die Asien mit Europa verbinden soll. Das ist ironisch. Während die Verbindungen zwischen Ost und West eine nach der anderen abreißen, die Türkei sich aber als Außenposten der Zivilisation nach westlichem Modell geriert, schreitet der Bau dieser Brücke voran. Brücken werden weiter gebaut, doch die Situation der Menschen auf der Brücke ändert sich nicht.

Dieses Land, das wie eine Brücke zwischen Ost und West liegt, hat sich, wie eingangs beschrieben, bei seiner Gründung nach Westen ausgerichtet. Mit der AKP-Regierung mag sich diese Ausrichtung für eine Weile vollständig nach Osten gedreht haben, doch die Brücke steht nach wie vor an Ort und Stelle. Die Menschen auf der Brücke schauen jetzt in beide Richtungen. Um ihre neue Ausrichtung zu bestimmen, warten sie darauf, dass die Welt sich dreht und jener »morgen« genannte ewige Tag anbricht. Auch wenn sie es nicht sagen, vertrauen sie offenbar darauf, dass dort irgendwo das erwähnte Sicherheitsventil liegt.

Was kann ich sagen? Unsere Geschichte ist hier zu Ende. Ich hoffe, dem Leser dieses Buches mein geliebtes Land so weit nahegebracht zu haben, dass er, wenn er eines Tages an einem Tisch irgendwo in der Türkei sitzt, in der Lage sein wird, sich in aller Freundschaft mit jenen zu unterhalten, die so verzagt wie hoffnungsvoll fragen: »Was soll nur aus diesem Land werden?«

BILDNACHWEIS